Dans la peau d'un chat

Isabelle Collin
Experte féline

miaou
thérapie

Dans la peau d'un chat

Éditions Prisma
Directeur : Pierre-Olivier Bonfillon
Directrice éditoriale : Françoise Kerlo
Responsable d'édition : Laura Stioui
Chargée d'édition : Marie Ranson
Chefs de fabrication : Jérôme Brotons, Anne-Kathrin Fischer

Direction artistique et réalisation :
Emmanuelle Audebrand et Marina Delranc

Correction : Sabine Kuentz

Dépôt légal : septembre 2020
ISBN : 978-2-8104-2956-1
Imprimé en Slovénie par GPS.

FSC
www.fsc.org
MIXTE
Papier issu de sources responsables
FSC® C118234

Sommaire

PARTIE II

MA VIE DE CHAT AVEC MA NOUVELLE HUMAINE

PARTIE III

NOTRE QUOTIDIEN, MILLE « DÉCOUVERTES »

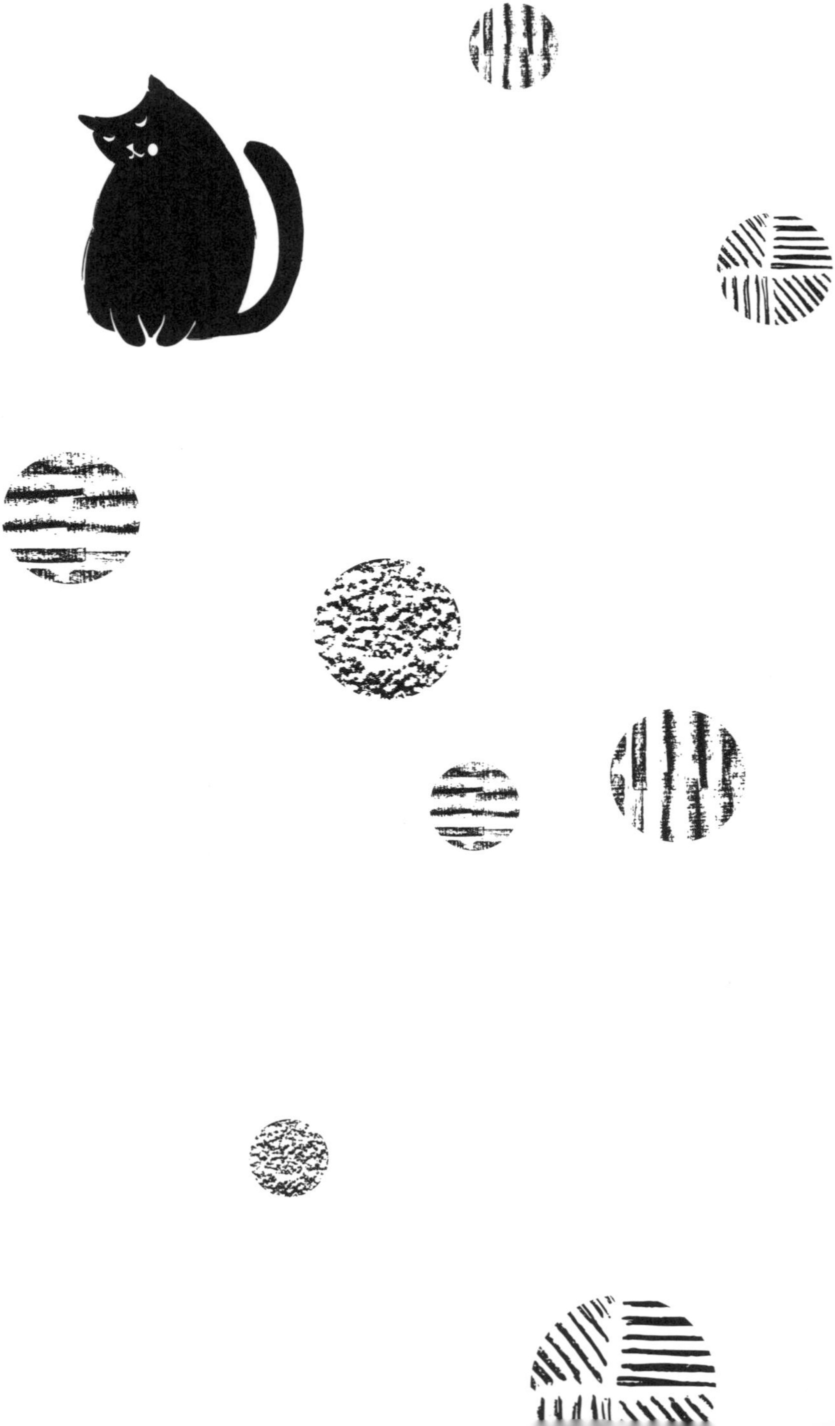

Prologue

Vous sentez une petite sensation de démangeaison au niveau des joues ? Pas de panique, ce sont les vibrisses qui poussent... Pourtant, vous n'êtes encore qu'un tout petit fœtus de chat flottant dans le liquide amniotique, lové dans le ventre de Mimi, votre maman chatte...

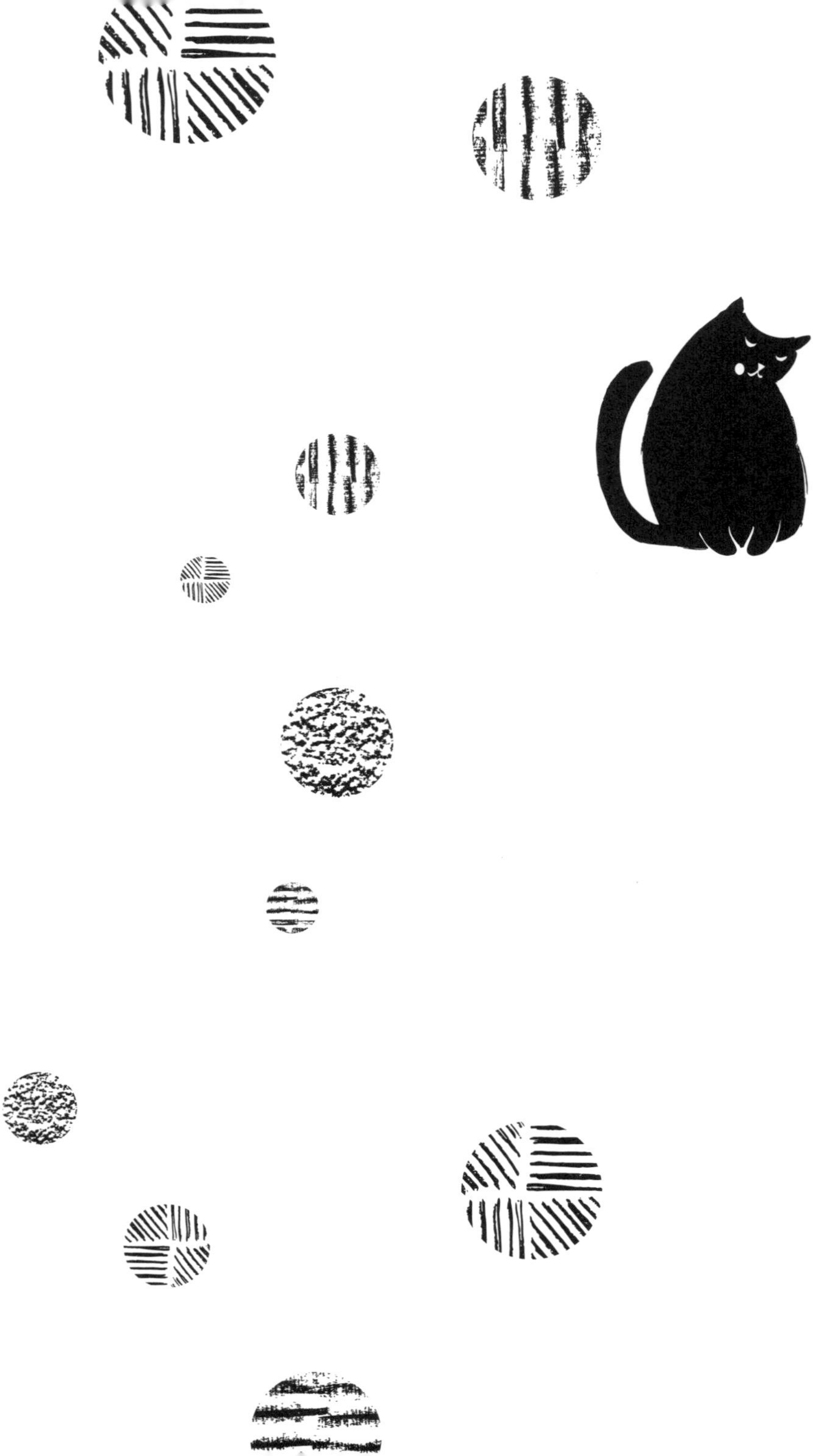

PARTIE I

Ma vie de chaton, au tout début

Je fais le grand saut dans la vie !

Je pressentais depuis quelque temps déjà qu'un événement extraordinaire allait se produire.

J'étais, avec mes frères et sœurs, dans une douce et chaude atmosphère depuis environ neuf semaines. Mais, depuis quelques heures, nous sentions comme des ondes de choc à intervalles réguliers, et j'avais l'impression que quelque chose de nouveau allait survenir.

Les ondes de choc se sont rapprochées : c'étaient des contractions. Une fois devenues bien régulières, un de mes frères est allé voir ce qui se passait et... il a disparu ! Je l'ai retrouvé à l'extérieur de notre cocon douillet.

Pour l'instant, je ne vois rien, mais je pense que nous avons atterri dans un monde complètement nouveau, où une langue douce et râpeuse à la fois vient de me libérer de ma poche amniotique.

Le reste de la portée suit en cadence, tous les quarts d'heure environ. Mes deux sœurs sont arrivées en sortant leur derrière en premier, avec une « présentation postérieure » ! Mais visiblement, elles ne s'en portent pas plus mal. Maman nous lèche un par un pour stimuler notre respiration et coupe notre cordon ombilical.

> *La mise bas chez la chatte peut durer entre 2 et 6 heures en moyenne, pour généralement de 2 à 6 chatons. Le record des naissances a été pulvérisé par une chatte croisée Birman et Siamois qui a donné naissance à 19 chatons, dont 15 ont survécu ! Cette portée est née en 1970 et, à ce jour, le record n'a été ni égalé ni battu. C'est la chatte qui déchire la membrane qui entoure chaque chaton et coupe son cordon ombilical. Elle le lèche aussi afin de stimuler sa respiration. Une chatte non stérilisée peut théoriquement avoir trois portées par an.*

Une immense main vient me soulever de terre : notre humaine nous prend un par un pour vérifier que nos voies respiratoires ne sont pas encombrées par du mucus et que notre cordon est bien coupé. Une fois rassurée, elle nous repose à côté de maman. Notre humaine est restée avec nous toute la durée de la mise bas. Heureusement, car cela a rassuré maman qui était mère pour la première fois. La savoir à côté d'elle l'a tranquillisée.

Ça y est, tout le monde est arrivé, trois mâles et deux femelles. Nous pesons tous à peu près le même poids, soit 100 grammes. Notre humaine a trouvé cela drôle : c'est le même poids qu'une petite plaquette de chocolat. Du coup, comme une de mes sœurs est marron, elle l'a appelée Truffe ! Moi, comme j'ai de longs poils soyeux, on m'a appelé Woolly.

Nous sommes installés dans une grande caisse aménagée exprès pour que nous soyons tous à l'aise. Ses rebords sont assez hauts pour que nous ne puissions pas les escalader (en tout cas pas avant un bon bout de temps !) et le fond est tapissé de serviettes bien moelleuses.

La pièce est très confortable : calme, sombre et bien chauffée à 25 °C. Cela est important car nous ne savons pas encore réguler notre propre température et un environnement trop froid pourrait nous mettre en danger.

Mes premières sensations (mes 5 sens)

Pour l'instant, je ne vois rien !

Depuis que je suis né, il y a quelques heures, j'ai les yeux fermés. Impossible de rien voir ! Mais heureusement, j'ai de l'instinct et de l'odorat, ce qui me permet de me repérer en attendant que mes yeux s'ouvrent, ce qui aura lieu dans dix jours.

Petit à petit, ma vue s'améliorera alors jusqu'à parvenir à ses performances optimales. J'aurai ma vision complète, avec profondeur de champ, vers l'âge de vingt jours. Je serai alors doté d'une très bonne vue.

Mes yeux tels qu'ils sont placés, bien sur le devant de ma tête, me permettront une vision panoramique à 280 degrés, l'une des plus importantes chez les mammifères. Et j'aurai une excellente perception des reliefs et des distances. Mon cristallin très modulable me permettra de faire un « autofocus » très rapide sur mes proies. Pratique pour chasser les petites bêtes !

Mes pupilles, très mobiles elles aussi, pourront se réduire à une très fine fente pour éviter l'éblouissement en plein jour, ou se dilater au maximum pour avoir une bonne vision nocturne (celle-ci dépend de cellules appelées les bâtonnets, et j'en ai deux cent millions alors que les humains n'en ont que cent vingt millions).

Cependant, je ne distinguerai toute ma vie que deux couleurs primaires et leurs déclinaisons : le vert et le bleu.

Lorsque j'ouvrirai les yeux, dans dix jours environ, ils seront bleus, comme ceux de tous les chatons. Ils ne prendront leur couleur définitive que lorsque j'aurai deux mois environ.

Certaines races de chats sont plus souvent touchées que d'autres par l'hétérochromie oculaire... Un nom bien compliqué pour dire qu'ils ont les yeux vairons. Ce sont souvent des Bobtails japonais, des Angoras turcs et des Chats turcs du lac de Van.

Et au tout début, je n'entends rien non plus !

Depuis que je suis né, il y a quelques heures, je n'entends toujours rien. Je commencerai à percevoir des sons à cinq jours (avant de pouvoir ouvrir les yeux, donc). Ce n'est que vers l'âge de deux à trois semaines que je commencerai à pouvoir me repérer au bruit. Et je n'aurai mon ouïe définitive qu'à un mois.

Les premiers sons que j'entends, ce sont donc les ronronnements de maman et de mes frères et sœurs. Nous communiquons comme ça, et c'est vraiment très rassurant.

Mais très vite, lorsque j'aurai un mois, mon ouïe sera d'une efficacité redoutable ! Je percevrai des ultrasons jusqu'à 64 kilohertz (alors que l'homme ne peut les entendre que jusqu'à 20 kilohertz, et le chien, 45) ! Je serai aussi capable d'entendre des sons très faibles, à partir de 5 décibels (alors que l'homme ne les perçoit qu'à partir de 20 décibels environ).

Grâce à près de trente muscles, mes oreilles sont mobiles à 180 degrés. Elles me permettront non seulement de capter le moindre bruit, mais aussi de repérer son origine avec certitude.

Les chats blancs ont très souvent des problèmes d'audition. Et près de 80 % des chats blancs aux yeux bleus sont sourds ! La surdité est moins fréquente chez les chats blancs aux yeux vairons, et encore plus rare chez les chats blancs aux deux yeux d'autres couleurs.

En revanche, dès la première seconde, j'ai de l'odorat !

Si, pour l'instant, je ne vois pas et ne sens rien, j'ai en revanche de l'odorat. J'en étais doté à la naissance. Celui-ci me permet de repérer maman dans un rayon de 50 centimètres et je peux alors assez rapidement m'éloigner un petit peu d'elle pour commencer à explorer mon environnement sans la perdre.

Mon odorat est moins développé que celui du chien, mais nettement plus que celui de l'homme : la muqueuse nasale du chien s'étend sur environ 150 centimètres cubes, la mienne sur 20 centimètres cubes et celle de l'homme sur... 3 centimètres cubes !

Même si ma truffe semble toute petite, elle est très efficace.

En plus, lorsque j'utilise mon organe voméronasal, je sens les phéromones et certains parfums encore plus précisément. Je fais alors une drôle de grimace que l'on appelle le « flehmen » : j'ouvre la bouche, je retrousse un peu les babines, je ferme les narines et j'inspire par la bouche. Je sais, ça ne me donne pas l'air très malin, mais c'est d'une efficacité redoutable !

> *Également appelé « organe de Jacobson », l'organe voméronasal permet au chat de sentir différemment les odeurs. Situé à l'intérieur de la bouche, il est tapissé de cellules neuroréceptrices. Il lui est très utile pour sentir certaines odeurs particulièrement intéressantes (les phéromones, en particulier).*

Je ne distingue pas beaucoup de saveurs...

Depuis ma naissance, je ne distingue pas les goûts précisément, d'autant moins que je ne distingue que quatre saveurs parmi les cinq recensées par les humains : l'acide, l'amer, l'umami (le glutamate) et le salé. Je ne reconnais pas le goût sucré. Et il en sera ainsi toute ma vie !

> *Le goût est bien le seul sens pour lequel les chats sont « à la traîne » derrière les humains. Ils ont 500 bourgeons gustatifs dans la bouche, alors que les humains en ont 9 000, ce qui fait une sacrée différence.*

...mais je touche du bout des moustaches et je perçois bien les vibrations !

Mon sens du toucher est essentiellement concentré dans deux zones : la face et les pattes. Je n'ai pas une grande finesse de perception au niveau des coussinets, qui sont surtout très utiles pour ressentir les vibrations du sol. Mon sens s'exerce plutôt aux endroits où sont implantées mes vibrisses, autrement dit mes moustaches. Les plus grandes et les plus visibles sont de part et d'autre de ma truffe, mais j'en ai aussi au-dessus des yeux, sur les joues, le menton et à l'arrière de mes pattes de devant.

Mes vibrisses font office de capteurs : elles sont enfoncées profondément dans la peau et leur base est entourée d'une multitude de terminaisons nerveuses. Grâce à elles, je sens les déplacements et les variations de pression d'air, et je perçois les obstacles à proximité.

Hum ! Je découvre les tétées...

Une heure après l'arrivée de ma dernière sœur, nous avons eu droit à notre première tétée. Miam ! Comme nous sommes cinq, nous avons chacun notre tétine (maman en a en fait deux rangées de quatre) et nous allons garder la même durant tout l'allaitement !

Les premières tétées ne nous apportent pas du lait, mais du colostrum. Il contient de nombreux anticorps qui vont nous protéger des maladies pendant quelque temps.

Cette première semaine, nous tétons toutes les vingt minutes environ ! Nous buvons 2 à 3 millilitres de lait à chaque fois, ce qui nous permet de doubler de poids en sept jours. En tétant, nous pétrissons les mamelles de maman de part et d'autre, de manière à favoriser la montée de lait. Pendant toute la durée de l'allaitement, maman va devoir fournir deux fois son poids en lait ! Pour l'aider, notre humaine lui donne une alimentation spécial chatte allaitante. Plus riche que l'alimentation normale, celle-ci va lui permettre de moins puiser dans ses réserves.

...et le léchage de maman

Après chaque tétée, maman nous lèche de la tête aux pattes. En faisant cela, elle nous stimule et nous faisons nos besoins. Le léchage est également très agréable : cela nous apaise et nous réconforte.

En général, une chatte a assez de lait pour tous ses petits. Si ce n'est pas le cas, une seule solution : les nourrir au biberon avec du lait maternisé spécial chatons. Le lait doit être chauffé à la bonne température (38 °C) et donné alors que le chaton est sur le ventre, légèrement incliné en arrière, pour éviter qu'il n'avale de travers. Avant et après chaque repas, il faut passer une serviette tiède et légèrement humide sur lui, pour imiter le léchage de sa mère. Le chaton doit être nourri toutes les deux heures, jour et nuit.

Je grandis et j'apprends en imitant maman

Mes mouvements sont de mieux en mieux coordonnés

Jusqu'à deux semaines, j'avais du mal à coordonner mes mouvements. Vers dix-sept jours, j'ai commencé à marcher sur mes quatre pattes. À trois semaines, j'ai réussi à me gratter le derrière de l'oreille avec une patte arrière sans tomber !

Nous, les chats, avons un sens de l'équilibre inné. Grâce à des capteurs ultrasensibles situés dans l'oreille interne, nous savons toujours exactement où nous nous situons dans l'espace. Notre appareil vestibulaire nous permet de savoir où se trouvent le haut et le bas. Il analyse les mouvements de notre tête pour envoyer l'information vers le cerveau, qui coordonne les mouvements.

Je ne grandis pas partout de la même manière : je suis né avec une tête assez grosse par rapport à mon corps, puis mes pattes ont poussé. Du coup, j'ai une allure franchement dégingandée !

Je prends du poids vitesse grand V

Je prends du poids tous les jours, depuis le quatrième jour de ma naissance. Entre sept et dix jours, je pèse exactement le double de mon poids de naissance ; à quatre semaines, le quadruple. Entre la quatrième et la septième semaine, ma croissance peut ralentir : cela correspond au début de la période de sevrage. Mais à huit semaines, je pèse quand même huit fois mon poids de naissance, soit 800 grammes.

Notre humaine nous pèse tous les jours pour être sûre que tout va bien. Au début, pour nous peser, ce n'était pas difficile, nous ne bougions pas d'un poil sur la balance de cuisine ! Mais au fil des jours, nous avons commencé à gigoter. Notre humaine a alors trouvé un truc pour nous immobiliser provisoirement : elle nous glisse dans une chaussette ou un bout de collant.

Comme nous sommes tous très différents, elle n'a pas de difficultés à nous identifier pour noter notre poids sur un petit cahier. Mais si nous avions été difficiles à distinguer, elle nous aurait mis des rubans de couleur autour du cou.

J'apprends à faire ma toilette tout seul

Au bout de quinze jours, j'ai fini par en avoir assez que maman fasse ma toilette. Alors j'ai commencé à me lécher. Bon, d'accord, au début je m'emmêlais un peu les pattes et la queue et je me retrouvais sur le dos sans savoir ce qui m'arrivait ! Mais c'était avant d'avoir compris qu'il fallait que j'imite maman : comme c'est une experte, c'est le meilleur moyen de ne pas faire de bêtises. Au fil des semaines, je gagne en précision. J'ai même rapidement réussi le coup du léchage de la patte qui sert ensuite de gant de toilette pour le reste du corps !

Notre humaine nous « couve » un peu moins...

À la naissance, nous ne savions pas réguler notre température, qui n'était que de 37°C. Elle augmente progressivement au fil des semaines, pour atteindre 38,5 °C vers sept à huit semaines. Au fur et à mesure de notre développement, notre humaine baisse donc progressivement la température du radiateur de la pièce où nous sommes installés.

...mais maman reste aux petits soins pour nous

Maman est très attentionnée avec nous tous. Elle nous donne la tétée à volonté, continue à nous lécher pour que nous fassions nos besoins et ronronne pour nous apaiser. Le léchage de maman a aussi une fonction antistress : il favorise la production d'endorphines, qui nous calment.

Elle ne nous a pas quittés une seule fois durant les deux premiers jours après notre naissance. Après, les premières semaines, nous n'avons été séparés que pour qu'elle aille manger et faire ses besoins.

Quand nous avons eu dix-huit jours, maman a commencé à nous emmener à l'extérieur de la caisse de mise bas pour que nous apprenions à faire nos besoins. Cela nous a pris quelque temps, mais petit à petit, nous avons compris comment faire en l'imitant. Vers un mois, j'ai fini par trouver le moyen de contrôler mes sphincters. Maman n'a plus à me lécher pour que je fasse mes besoins, je sais faire tout seul.

Si maman pense que nous ne sommes pas en sécurité, elle n'hésite pas à nous déplacer. Elle nous prend un par un par la peau du cou et nous transporte dans un endroit sûr. Pendant le trajet, pas question de faire le malin : je me laisse pendre, la tête de côté, les yeux fermés, la queue remontée entre les pattes.

J'apprends à contrôler mes griffes et mes quenottes

Les premiers jours après notre naissance, mes frères, mes sœurs et moi n'avions la notion de notre présence que grâce à nos ronronnements et à notre odeur. Maintenant que nous sommes plus grands, nous passons une grande partie de notre temps d'éveil à chahuter ensemble. Mais maman n'apprécie pas les bagarres : si l'un de nous se fait mordre ou griffer, elle va réprimander le fautif. Et je peux vous dire qu'elle ne fait pas semblant ! Nous comprenons vite la leçon et jouons plus calmement. Elle n'apprécie pas non plus qu'on l'embête trop : quand elle en a assez qu'on lui monte dessus et qu'on lui tire les moustaches, paf ! La tape ne se fait pas attendre. Mais elle y va doucement, juste assez pour que nous comprenions le message...

Alors, au fil du temps, nous apprenons à nous contrôler : lorsque nous jouons à la bagarre, dès que l'un de nous crie pour signaler qu'il a mal ou peur, l'autre s'arrête. Nous apprenons aussi à contrôler nos griffes et nos quenottes.

Et puis je comprends que je suis un chat

Nous nous sommes de plus en plus attachés à maman. C'est ce que les humains appellent l'imprégnation. Nous nous sommes identifiés à elle et nous avons compris que nous sommes également des chats !

Cette période d'« imprégnation » à la mère dure de la deuxième à la septième semaine environ. Un chaton orphelin ou séparé de sa mère durant cette période de socialisation ne saura pas qu'il est un chat. Dans ce cas, il s'attachera à celui qui l'élève : une chienne ou un humain. Il aura ensuite beaucoup de mal à avoir des relations normales avec les autres chats.

Je me familiarise avec mon humaine

Depuis que nous avons deux semaines, notre humaine vient régulièrement nous voir. Elle nous prend dans ses mains, nous manipule un peu pour que nous soyons habitués aux humains – si l'on doit vivre avec eux, il vaut mieux l'être dès le début !

Entre deux et cinq semaines, elle nous a aussi présenté des enfants et des chiens. Nous ne savions pas qui ils étaient, mais comme maman et notre humaine étaient là et que tout s'est bien passé, je pense que nous pourrons vivre en harmonie par la suite. Il paraît que ce n'est pas toujours le cas...

Entre trois et cinq semaines, notre humaine nous a emmenés tous les jours dans une grande pièce lumineuse contenant de nombreux objets rigolos : un arbre à chat, des cartons avec des trous, des papiers froissés... Il y avait aussi de la musique. On a bien joué ! Il paraît que les humains ont la même chose dans ce qu'ils appellent une école maternelle : cela aide les petits enfants à faire des découvertes, à se développer et à ne pas avoir peur de différents bruits et stimuli.

Elle nous a aussi emmenés dehors. Nous qui n'avions jamais dépassé les environs de la caisse de mise bas, nous avons découvert l'herbe, le gravier et la terre en même temps. Quelle journée !

> *Attention, lorsque le chaton n'est pas encore vacciné et n'a pas encore reçu de traitement antipuces, il vaut mieux éviter de le sortir dans un jardin, au contact de l'herbe, car il pourrait attraper des parasites ou des maladies. Même si cela est un peu frustrant, il vaut mieux garder le chaton à l'intérieur jusqu'à ce qu'il soit protégé. Prenez déjà le temps de bien le familiariser avec son environnement intérieur !*

Puis, vers cinq semaines, nous sommes entrés pour deux semaines environ dans notre période d'aversion : tout nous faisait peur ! Notre humaine a donc arrêté provisoirement de nous confronter à des expériences nouvelles. Une grosse peur pendant cette période aurait risqué de nous marquer à jamais ! Ainsi, mon frère Tigrou, qui avait réussi à se faufiler dans la pièce voisine, est tombé sur une grosse machine rouge, qui rugit et dont le long bec semble aspirer des choses au sol. Il a eu la peur de sa vie et frissonne depuis à la seule vue de l'appareil.

L'adieu au lait, je mange comme un grand, je suis sevré !

Maman a commencé à avoir un peu moins de lait quand nous avons eu quatre semaines. Et puis nos petites dents de lait ont commencé à pousser et j'ai l'impression que les tétées devenaient assez désagréables pour elle. Du coup, elle a commencé à nous repousser et à nous donner de petites tapes de temps en temps.

> *Les chatons naissent sans dents. Mais, comme chez les humains, des dents de lait poussent. Elles commencent à apparaître vers deux à trois semaines pour les incisives et trois à quatre semaines pour les canines. Les dents définitives apparaîssent plus tard : vers trois à quatre mois pour les incisives, à cinq mois pour les canines et vers cinq à six mois pour les molaires et les prémolaires.*

Heureusement, notre humaine est prévoyante : elle a commencé à nous apporter de la bouillie de sevrage pour chatons dans un grand plat sans rebords, pour que nous puissions y accéder sans problème. Un jour, elle était à court de bouillie, alors elle a humidifié les croquettes de maman avec de l'eau pour que nous puissions les manger. C'était drôlement bon !

De quatre à sept semaines, nous avons donc alterné les tétées et la bouillie, avec de plus en plus de nourriture solide au fil des jours. En même temps, notre humaine mettait de l'eau fraîche à notre disposition. À la fin, nous mangions environ 25 grammes de croquettes par jour et maman a complètement arrêté de nous nourrir. Cela fait bizarre au début de ne plus téter, mais en fait, on s'y habitue. Maintenant, on est des grands !

Pour que nous ne soyons pas des chats difficiles plus tard, notre humaine a décidé de nous donner des aliments différents. Croquettes, pâtées, terrines au poulet, mouton, poisson... nous avons tout testé !

Le sevrage du chaton s'opère entre le premier et le deuxième mois. La mère commence à moins bien accepter les tétées autour de la quatrième semaine, pour carrément repousser le chaton avec des coups de patte autour de la huitième semaine. Il est important d'attendre la fin de cette phase de sevrage du chaton avant de le séparer de sa mère (ainsi, il est interdit de vendre ou donner un chaton de moins de huit semaines).

Une nouvelle vie va commencer !

J'ai à présent deux mois et suis prêt à vivre ma vie de chat indépendant, auprès d'une nouvelle humaine. Il arrive que votre première humaine vous garde avec toute la portée dans la même maison. Cela est courant à la campagne, où il y a de l'espace et où les fratries peuvent vivre toute leur vie ensemble. Mais bien souvent, et surtout en ville, où les appartements sont petits, l'humaine qui vous a vu naître décide de vous confier à une autre humaine, qui saura elle aussi prendre soin de vous. De toute façon, lorsque l'on est le seul matou du foyer, à nous les papouilles !

C'est ainsi que mon humaine a entamé toutes les démarches nécessaires pour nous préparer, mes frères et sœurs et moi, à une adoption réussie.

Formalités préliminaires

Première visite chez le vétérinaire

Tout d'abord, nous avons dû aller chez le vétérinaire pour vérifier que tout allait bien. Dans le cabinet, il y avait plein d'odeurs, pas des plus agréables, et, franchement, ça ne nous a pas du tout plu ! Ça sentait le chat qui a peur, le chien, et même d'autres animaux que je n'avais jamais vus. Notre humaine nous a parlé doucement dans la salle d'attente pour nous calmer.

Le vétérinaire a eu l'air sympathique, finalement. Je craignais le pire, avec toutes ces odeurs, mais en fait, tout s'est bien passé. Il nous a examinés un par un, a pris notre température, a bien regardé que nous étions propres, que nous n'avions pas de puces et que notre ventre n'était pas gonflé.

Après nous avoir inspectés sous toutes les coutures, il a décrété que nous étions en pleine forme ! Il a établi un certificat de bonne santé. Le vétérinaire a également examiné maman afin de s'assurer que tout allait bien pour elle. Il a pris sa température, l'a pesée et a tâté son ventre pour vérifier qu'elle s'était bien rétablie après la mise bas.

À l'âge de huit semaines, un chaton est en âge d'être adopté. Votre chatte a eu une portée de chatons et vous souhaitez les faire adopter ? Avant de pouvoir les confier à leur nouvel humain, il faut prendre quelques précautions. L'époque où les chatons passaient de main en main sans aucune formalité est bien révolue... et heureusement ! Aujourd'hui, qu'un chaton provienne d'un éleveur professionnel ou d'heureux « parents » d'une portée, son futur propriétaire a la garantie que l'animal est identifié et suivi par un vétérinaire. Tout est mis en œuvre pour que l'adoption soit bien encadrée, pour le bien-être de l'animal. Il faudra donc passer par les étapes suivantes :

- ***La visite obligatoire chez le vétérinaire :*** *il établira un certificat de bonne santé que vous devrez remettre au nouveau propriétaire (attention, il n'est valable que cinq jours : si le chaton ne quitte pas la maison dans ce délai, il faudra revenir). Le vétérinaire effectuera aussi les premiers vaccins : typhus et coryza.*
- ***Une puce obligatoire :*** *pour vendre ou donner un chaton, il est obligatoire qu'il soit identifié.*

> *Son numéro d'identification doit être précisé sur la petite annonce et, au moment de la cession, le vendeur doit remettre la carte d'identification à l'acheteur.*
>
> *Lors de la vente du chaton, ces frais de vaccination et d'identification pourront être refacturés par le vendeur à l'acquéreur.*

Premières piqûres

Après nous avoir inspectés, le vétérinaire a dit à notre humaine que, à huit semaines, nous étions en âge de recevoir notre première vaccination. Nous pouvions être vaccinés, car nous avions été bien traités contre les parasites internes et externes. Si cela n'avait pas été le cas, le vétérinaire n'aurait pas pu nous faire les piqûres : la vaccination représente un stress pour l'organisme et elle est moins efficace en présence de parasites.

Le vétérinaire a décidé de notre calendrier de vaccinations en fonction de notre état de santé, mais aussi en fonction de notre futur mode de vie, à savoir si nous serons amenés ou non à aller à l'extérieur. Si nous avions vécu en élevage, il en aurait aussi tenu compte. En effet, les chatons qui vont à l'extérieur ou vivent en communauté sont plus vite et plus souvent confrontés à des congénères porteurs de maladies et à des parasites. Leur calendrier de vaccinations doit alors être adapté afin qu'ils soient rapidement protégés.

Nous avons donc d'abord été vaccinés contre deux maladies : le typhus et le coryza.

La première injection du vaccin contre le typhus peut se faire à partir de huit semaines. Il ne nécessite pas de seconde injection. Le rappel se fait un an après, puis tous les ans. La première injection du vaccin contre le coryza peut se faire à partir de huit semaines également. Une seconde injection est obligatoire quatre semaines plus tard. Le rappel se fait un an après, puis tous les ans.

Une puce obligatoire

Ensuite, le vétérinaire nous a pris un par un et, avec une grosse aiguille, nous a injecté sous la peau, au niveau des omoplates, la puce d'identification. C'est tout petit, à peine 4 millimètres de long, et on n'a même pas eu mal ! Le transpondeur, autre nom de la puce, comporte un code à quinze chiffres qui peut être lu par un lecteur spécial. Si je me perds et que quelqu'un me trouve, les vétérinaires, policiers, gendarmes, pompiers et responsables de refuges pour animaux ont des lecteurs qui pourront la lire. Avec le code, ils pourront contacter l'I-CAD (Identification des carnivores domestiques) qui leur donnera les coordonnées de mon propriétaire. Le vétérinaire a donné à notre humaine une carte d'identification pour chacun de nous. Cette carte devra nous suivre toute notre vie. Notre humaine devra envoyer à l'I-CAD une partie qui sera enregistrée dans leur fichier et remettre l'autre partie à notre futur propriétaire. L'I-CAD devra être prévenu en cas de changement de propriétaire ou d'adresse.

LES MALADIES DU CHAT : LES ZOONOSES

Les zoonoses sont les maladies transmissibles du chat à l'homme. Même si elles sont rares, il est prudent de garder l'œil sur les petites bestioles qui peuvent infester un chat, car elles pourraient transmettre des parasites ou des affections à son humain.

LA TOXOPLASMOSE

Si un chat est infesté par le parasite *Toxoplasma gondii*, il peut le transmettre à l'homme. La maladie peut passer totalement inaperçue. Dans 20 % des cas seulement, elle se manifeste par de la fièvre, de la fatigue intense et une augmentation du taux de globules blancs. Mais, chez la femme enceinte, la toxoplasmose peut avoir de très graves conséquences pour le bébé et peut même être mortelle.

LA MALADIE DES GRIFFES DU CHAT

Il peut arriver qu'une plaie causée par une griffure s'infecte à cause d'une bactérie, la *Bartonella henselae*, responsable de la maladie des griffes du chat. Les principaux symptômes apparaissent après 3 à 10 jours d'incubation et consistent en une baisse de forme et d'appétit, une inflammation des ganglions lymphatiques et une fièvre modérée à forte. Seuls les enfants et les jeunes adultes sont touchés et la maladie cède d'elle-même ou avec un traitement antibiotique.

LES PUCES

Les puces sont de petits insectes de 2 mm, qui mordent la peau pour s'abreuver du sang des chats. Les chats tolèrent en général tout à fait la présence de puces dans leur pelage, même si cela les gratte parfois. Les puces peuvent se transmettre de l'animal à l'homme. Elles provoquent des démangeaisons désagréables et peuvent surtout transmettre la maladie des griffes du chat, le ténia ou le typhus.

LES TIQUES

Les tiques sont de gros acariens qui mesurent de 3 à 6 mm en moyenne. Elles s'accrochent par leur rostre à la peau du chat et pompent son sang. Elles tombent quand elles sont repues et ne provoquent généralement qu'une petite irritation locale. Parmi les zoonoses transmises par les tiques, la piroplasmose, l'ehrlichiose et la maladie de Lyme sont des maladies qui peuvent être très sérieuses.

LA TEIGNE

La teigne est une lésion de la peau due à un champignon appelé *Microsporum canis*. C'est une maladie très contagieuse, qui peut se transmettre très facilement à l'homme. Elle se manifeste alors par des lésions rondes, rouges, entraînant de fortes démangeaisons. On les trouve sur les parties du corps en contact avec le chat : visage, cou, mains, poignets, bras... Les femmes et les enfants sont plus souvent touchés par la maladie. Mais la teigne se traite assez facilement, sans séquelles.

LA GALE

La gale des oreilles du chat, bénigne, se caractérise par une otite, c'est-à-dire une inflammation du conduit auditif. De petites croûtes apparaissent, dont se nourrit le parasite. C'est une maladie très facile à soigner, grâce à l'application de gouttes auriculaires. La gale corporelle est une maladie grave et contagieuse. Elle se manifeste par des boutons, une inflammation et une perte de poils. Elle peut se compliquer d'une infection bactérienne. La gale des oreilles ne peut pas se transmettre à l'homme. Mais la gale corporelle provoquée par *Sarcoptes scabiei* (le sarcopte de la gale) est une maladie grave, qui peut se transmettre assez facilement à l'homme.

QUELLES PRÉCAUTIONS PRENDRE ?

La plupart des zoonoses sont transmises par les parasites qui peuvent infester le chat : puces, tiques, vers. Pour éviter tout problème, la prévention est la meilleure solution : emploi régulier d'antiparasitaire, vermifugation et inspection fréquente du chat à la recherche de puces ou de tiques qui seraient passées à travers les mailles du filet. Pour limiter les risques, il est préférable de ne pas laisser un chat qui a accès à l'extérieur dormir dans le lit d'un enfant.

Par ailleurs, couper régulièrement les griffes du chat est plus prudent.

Enfin, les femmes enceintes et les bambins ne doivent bien évidemment pas s'approcher de la litière !

La visite de la nouvelle humaine

On a été observés à la loupe...

La jeune femme qui a répondu à l'annonce qu'a passée mon humaine est venue l'autre jour à la maison. Elle nous a tous tenus dans ses mains, a observé de quelle manière nous réagissions, puis nous a pris par la peau du cou. Mon frère Tigrou, qui est toujours aussi bagarreur, n'a pas apprécié ! Moi, je n'ai pas bronché, j'avais l'impression que c'était important. Je me suis laissé observer en pendouillant, la queue entre les pattes. Ensuite, elle nous a appelés un par un et je me suis précipité vers elle : « Woolly ? C'est moi ! »

Puis elle a discuté avec notre humaine. Elles ont parlé de comportement félin : la jeune femme voulait être sûre d'avoir un chaton équilibré, pas agressif et bien sociable. J'ai l'impression que j'ai fait mon petit effet, puisqu'elle m'a pris dans ses bras et m'a gratouillé le ventre : quel plaisir ! La visiteuse a ensuite vérifié que nous étions bien propres. Elle a regardé nos yeux, nos oreilles et notre derrière.

> ***À quoi reconnaît-on un chaton bien portant, sans maladie et sociable ?***
> *Vérifiez qu'il est amical et vif, et qu'il a :*
> *– un pelage brillant, sans trace de puces ;*
> *– les yeux propres, clairs et brillants ;*
> *– le nez, la bouche et les oreilles propres et ne dégageant pas d'odeur nauséabonde ;*
> *– un ventre ferme, mais ni dur ni gonflé ;*
> *– un derrière propre.*

La jeune femme a hésité : elle ne savait pas si elle voulait prendre un mâle ou une femelle. L'humaine de maman lui a répondu que cela ne faisait pas beaucoup de différence. Les femelles ont la réputation d'être un peu plus propres et moins bagarreuses que les mâles, mais, au bout du compte, tout est affaire de caractère individuel ! Pendant la période des chaleurs, il paraît que nous, les mâles, avons tendance à nous battre et à laisser des marquages urinaires un peu partout. Les femelles, elles, poussent des miaulements à vous déchirer les tympans...

Notre humaine lui a expliqué comment distinguer le sexe : les mâles ont un espace d'environ 1 centimètre entre l'anus et l'appareil génital, alors que chez les femelles, les deux se touchent presque.

Et puis j'ai été choisi !

La jeune femme nous a ensuite observés jouer et nous balader dans la pièce. Elle a dit qu'elle voulait un chaton dégourdi et pas peureux, puis qu'elle souhaitait m'adopter, moi !

Notre humaine a eu l'air contente de m'avoir trouvé une humaine à moi, mais elle ne voulait pas me laisser partir chez n'importe qui. Elle a alors demandé à la jeune femme si elle était bien sûre de vouloir un chat, si elle avait bien compris les responsabilités (me nourrir, me soigner, m'entretenir...) que cela impliquait. Celle-ci lui a répondu que oui : elle s'était bien renseignée avant de venir, avait discuté avec des amies propriétaires de chats et savait de quoi il en retournait. Elle voulait m'adopter et ferait tout pour que je sois comme un coq en pâte, c'est ce qu'elle a dit !

Les deux humaines ont ensuite échangé entre elles différents papiers – j'ai cru qu'elles allaient en faire des boulettes pour me faire jouer, mais non, elles les ont rangés dans leurs sacs à main.

Lors de la vente d'un chaton, le remboursement des frais de vaccination et d'identification peut être demandé à l'acquéreur. Pour un chat de gouttière, il est rare qu'il soit demandé davantage. En revanche, les chats de race peuvent coûter des centaines d'euros ! Quel que soit le chat, le vendeur remettra à l'acquéreur un certificat de vente sur lequel seront précisés leurs noms et coordonnées à tous les deux, la date de la vente, la somme versée, le mode de règlement, l'identité et le numéro d'identification du chat. Il remettra aussi au nouvel humain le certificat de bonne santé établi par le vétérinaire (datant de moins de cinq jours), la carte d'identification par puce électronique, ainsi que le carnet de santé établi par le vétérinaire au cours de la première visite (précisant nom, sexe, description et vaccins qui ont été administrés). À noter : Les chats de race ont un pedigree.

> *Quand ils quittent leur éleveur, celui-ci doit le remettre à l'acheteur, attestant ainsi les origines du chat. Le pedigree, établi par le LOOF (Livre officiel des origines félines) est le seul document prouvant qu'un chat est de pure race.*

PARTIE II

Ma vie de chat avec ma nouvelle humaine

En route vers de nouvelles aventures !

Ma nouvelle humaine est prévoyante : elle a acheté une cage de transport pour m'emmener avec elle. C'est la manière la plus sûre pour tout le monde de nous transporter, nous les chats. En voiture, nous ne risquons pas de distraire le conducteur ni d'être blessés en cas de freinage brusque. La cage doit être posée au sol ou arrimée à l'aide de la ceinture de sécurité.

Ce voyage a été assez stressant : j'étais déjà monté en voiture pour aller chez le vétérinaire, mais j'étais avec toute la famille, ce qui était plutôt rassurant. Cette fois, je suis tout seul. Heureusement, mon humaine m'a parlé tout le long du trajet avec une voix apaisante : « Ça va, Woolly ? ne t'inquiète, pas Woolly... »

Nom d'un chaton !

Il est courant que les chatons n'aient pas encore de nom lorsqu'ils sont vendus tout jeunes, comme Woolly. Le prénom est libre pour les chats de gouttière mais les chats de race doivent avoir un nom en deux parties : leur prénom suivi de leur nom de famille (comme les humains !), appelé un affixe. Il correspond au nom de l'élevage dans lequel le chat est né. Le prénom doit commencer par la lettre de l'année. Ce système a été mis en place en 1926 par la Société centrale canine, qui gère le livre généalogique des chiens. Et il a été adopté pour les chats ! Cela permet de savoir tout de suite quand et où le chat est né. En 2019, c'était P, en 2020, R, puis en 2021, S, 2022, T... Ainsi, une chatte siamoise pourra se nommer Malee des Princes du Siam (née en 2016, dans l'élevage des Princes du Siam).

Les lettres K, Q, W, X, Y et Z sont des alternatives possibles l'année de la lettre précédante, ce qui fait que les mêmes lettres reviennent tous les vingt ans tout juste. Ainsi, le K sera permis comme alternative l'année du J, le Q sera possible en parallèle du P, et le W, le X, le Y et le Z deviendront possibles en parallèle du V.

À la découverte du nouveau monde

Ça y est, je suis chez ma nouvelle humaine ! Maintenant, loin du cocon familial, je dois apprendre à vivre dans ce nouvel environnement et avec elle. Tout devrait bien se passer si chacun y met du sien. On dit des chats qu'ils sont exigeants, mais un accueil approprié, un trousseau bien choisi, quelques attentions et certaines précautions suffisent à garantir notre bonheur ! À condition de ne pas négliger les câlins !

Un environnement sécurisé

Nous voici donc dans l'appartement de mon humaine. Celle-ci m'a laissé quelques minutes dans ma cage de transport pour que je m'acclimate doucement à ce nouvel univers. Elle est vraiment attentionnée ! Quand elle a ouvert la cage, je suis sorti prudemment. Je n'étais pas rassuré, séparé des miens, dans cet endroit rempli de bruits et d'odeurs inconnus... Mon premier réflexe a été de filer me cacher sous le lit. Et puis la curiosité a été plus forte et je suis parti à la découverte de ce nouveau territoire. Mon humaine a prévu quelques jours de congés pour m'accueillir. Ainsi, je ne serai pas tout seul dans les premiers temps et je pourrai m'habituer à mon nouveau chez-moi avant d'y rester en solitaire.

J'adore ce nouvel endroit, il y a plein de choses à faire ! Grimper aux rideaux, escalader les étagères, monter sur la table... La plupart du temps, cela fait rire mon humaine, mais elle rit parfois un peu jaune... Il y a certaines choses totalement interdites. Ainsi, j'ai découvert des fils électriques à mâchouiller... Quand mon humaine a vu ça, elle a dit « Non ! » d'une grosse voix et j'ai compris qu'elle ne plaisantait pas. Comme je ne suis pas toujours très obéissant, j'ai recommencé. Alors elle a été en douce chercher un vaporisateur d'eau et m'en a aspergé ! J'ai fait un de ces bonds ! Adieu, les fils électriques… Dans la cuisine, il y a quelques interdits à respecter aussi. J'ai sauté sur les plaques de cuisson pour voir si quelque chose s'y préparait : je me suis drôlement fait gronder. J'aurais pu me brûler cruellement si les plaques avaient été allumées, alors plus question de monter dessus.

Une autre chose totalement interdite, et pourtant bien agréable : la petite sieste dans la machine à laver ! Comme mon humaine avait mis du linge à l'intérieur, j'ai trouvé le lieu idéal pour dormir. Mais quand elle a ajouté du linge par-dessus et s'est rendu compte que j'étais là, elle m'a fait sortir vite fait ! Désormais, le tambour est toujours fermé pour éviter tout accident.

Un jour, dans la salle de bain, j'ai entièrement dévidé le rouleau de papier toilette et l'ai transformé en confettis, c'était très joli ! Mais après, les choses ont dégénéré : j'étais en équilibre sur le rebord des toilettes et plouf ! je suis tombé. J'ai voulu en sortir le plus vite possible, mais mes pattes n'avaient aucune prise sur les bords lisses. Je me serais noyé si mes miaulements désespérés n'avaient pas attiré mon humaine : elle m'a sauvé la vie. Dorénavant, l'abattant est toujours abaissé.

Vétérinaire, le retour !

Attention, l'acquéreur d'un chaton doit faire la « visite d'achat » chez le vétérinaire dans les cinq jours qui suivent l'acquisition de l'animal. Lors de cette visite, le vétérinaire l'examine pour s'assurer que tout va bien. Le but de cette visite est de vérifier que le chaton n'est pas atteint d'une maladie reconnue comme « vice rédhibitoire », à savoir : le typhus, la leucose, la péritonite infectieuse féline (PIF) et le virus de l'immunodéficience féline (FIV). Si un chaton est atteint par une de ces maladies, cela entraîne l'annulation de la vente. Le propriétaire rend alors le chaton. S'il souhaite le garder quand même, le vendeur doit lui rembourser une partie du prix de vente. Les délais de suspicion ne sont pas les mêmes selon les maladies. Ils commencent à courir à compter de la date d'arrivée du chaton chez son nouvel humain. Ils sont de cinq jours pour le typhus, quinze jours pour la leucose et vingt et un jours pour la péritonite infectieuse. Il n'y a pas de délai de suspicion pour le FIV.

Outre ces vices rédhibitoires, des vices cachés peuvent également entraîner l'annulation de la vente ou le remboursement d'une partie du prix d'achat. Il s'agit des maladies dont la responsabilité peut être imputée au vendeur du chat, qu'il soit éleveur ou particulier. La maladie doit être grave et non visible extérieurement. Cela peut être une maladie génétique pour les chats de race.

Un « petit coin » adapté

En arrivant à la maison, la première chose que mon humaine a faite a été de me montrer où étaient mes toilettes. Heureuse initiative : je n'y tenais plus et aurais pu faire pipi n'importe où ! Elle les a installées dans un endroit parfait : à l'écart du passage, dans un coin de la cuisine. Je n'aime pas trop faire mes besoins au vu et au su de tout le monde. Là, c'est idéal, car mon bac n'est pas non plus trop près de mes gamelles ou du coin où je dors – ce qui est bien agréable.

Mon humaine a installé ma litière dans un bac de luxe : il a un couvercle, comporte une chatière et est équipé d'un filtre à odeurs au charbon actif ! C'est l'idéal : cela respecte mon intimité et les mauvaises odeurs sont mieux contenues dans cette « maison » fermée. En plus, mon humaine s'est fait plaisir en choisissant un bac déco, avec des arabesques fleuries sur le capot. Pour l'instant, ce bac à litière est bien grand pour moi, mais quand j'aurai atteint ma taille adulte, il sera parfait. En fait, pour choisir la litière, ma nouvelle humaine a demandé à l'ancienne quel modèle elle utilisait, afin de se procurer le même. Nous sommes des animaux d'habitudes et nous n'aimons pas les changements !

Pour les chats de grande taille, comme le Maine coon ou le Norvégien, il faut penser à acheter une litière suffisamment grande, même si le chaton est encore petit. Les chats aiment avoir leurs aises et pouvoir se retourner dans leur bac sans difficulté.

Litière, mode d'emploi

La litière se décline en de nombreuses sortes : agglomérante ou non, gel de silice, végétale ou minérale... Chacune a ses avantages et ses inconvénients. Il existe même de la litière bio qui peut se jeter dans la cuvette des toilettes ou dans le composteur (lorsqu'il y a un jardin).

Certains chats exigent un changement de litière tous les deux jours, d'autres acceptent de faire leurs besoins pendant huit à dix jours dans la même litière. Certaines litières sont plus performantes que d'autres et peuvent être conservées plusieurs semaines. Dans tous les cas, une épaisseur minimum de 3 centimètres est indispensable, et débarrasser le bac des excréments avec une pelle prévue à cet effet permet de prolonger la vie de la litière. Une petite astuce : saupoudrer une cuillerée à soupe de bicarbonate de soude au fond du bac avant de mettre la litière limite les odeurs et prolonge sa durée de vie.

Pour éviter de nettoyer entièrement le bac à chaque changement de litière, mon humaine achète de grands sacs à gravats qu'elle ouvre en deux d'un coup de ciseaux et qu'elle met au fond, avant de verser la litière dessus. Comme ça, quand elle la change, elle retire le sac et son contenu d'un seul geste, et hop ! à la poubelle. Et comme ces sacs sont résistants, je peux gratter tant que je veux sans risquer de les percer.

Et, touche finale, afin d'éviter que je sème des grains de litière dans toute la maison, mon humaine a installé un tapis de litière devant le bac. Il est rainuré et débarrasse mes coussinets des grains qui se sont coincés dedans.

Un peu d'histoire

La litière a été inventée en 1947 par un Américain, Edward Lowe, à Saint Paul, dans le Minnesota. Sa voisine était venue lui emprunter du sable pour la litière de son chat (à l'époque, c'était ce qui était utilisé, avec la cendre). Son tas de sable étant gelé, il lui a proposé de l'argile concassée. La voisine a trouvé cela très pratique et Edward Lowe a proposé à l'animalerie de la ville de vendre son argile par sacs de 2,5 kilos, à 69 cents. Le propriétaire a refusé, pensant que les gens n'étaient pas prêts à payer ce prix pour l'hygiène de leur chat. Edward Lowe a alors proposé de donner les sacs jusqu'à ce que les consommateurs soient convaincus. Le succès ne s'est pas fait attendre et Edward Lowe a créé sa compagnie, Tidy Cat Kitty Litter, en 1964. La société a été vendue en 1990 au prix de 200 millions de dollars !

Le service de table

Nous sommes des animaux difficiles, c'est un fait. Nos sens délicats ne peuvent s'accommoder de matières basiques. Ainsi, nous détestons les gamelles en plastique : elles retiennent les odeurs et deviennent vite peu ragoûtantes. Les gamelles en verre, en porcelaine ou en inox, en revanche, restent propres et ne conservent pas les odeurs. Une gamelle pour la boisson, une pour la nourriture, et le tour est joué.

Mon humaine a posé mes gamelles sur un set de table en plastique. Facilement lavable, il m'évite de tacher le sol. Car je ne sais pas pourquoi, mais je ne peux pas m'empêcher de manger mes croquettes en dehors du récipient ! Du coup, mon humaine est ravie : mon coin repas reste impeccable et donne une petite touche déco à la cuisine !

Comme beaucoup de mes congénères, j'ai une nette préférence pour l'eau courante. L'eau de ma gamelle ne me plaît plus trop au bout de quelques heures, et puis c'est tellement plus drôle de boire au robinet ! Comme je mange des croquettes (un aliment très sec, donc), j'ai vite rencontré des petits problèmes avec ma vessie. Alors mon humaine a eu l'idée de m'acheter une fontaine. C'est vraiment super : un petit moteur entraîne l'eau qui est versée par un tuyau. Du coup, je peux boire « au robinet » quand je veux, sans avoir à réclamer !

Comme on fait son lit, on se couche

Contrairement aux chiens, qui aiment bien avoir leur coin à eux pour dormir, nous, les chats, avons tendance à pratiquer le « couchage alterné ». Selon l'heure de la journée, l'humeur et la présence d'éventuels intrus, je dors dans des endroits différents de la maison. Mais je préfère de loin dormir au milieu des coussins du canapé, dans les replis de la couette ou carrément dans un des tiroirs du bureau… L'ordinateur, ce n'est pas mal non plus : c'est chaud et ça ronronne tout le temps.

J'ai un petit panier en mousse posé par terre, mais je ne suis pas fan de cette solution : je suis allé y dormir quelques fois pour faire plaisir à mon humaine, mais je trouve que c'est beaucoup trop exposé pour pouvoir m'y reposer en toute sérénité.

Voyant cela, mon humaine a fini par comprendre le message : pour que je dorme quelque part, il est préférable que cela soit chaud, douillet et en hauteur. Me voici donc pourvu des deux accessoires ultimes du confort pour chat : le tapis de fenêtre et le hamac de radiateur ! Le premier, comme son nom l'indique, se pose sur le rebord d'une fenêtre. Il est fait dans une matière très douce et équipé de picots antidérapants en dessous. Certains tapis de fenêtre sont aussi munis de clips qui permettent de les accrocher si le rebord n'est pas assez large pour les poser en entier. Le hamac s'accroche sur un radiateur, mais attention : uniquement à eau ! Cet accessoire ne doit en aucun cas être accroché devant un radiateur électrique. Cela me permet d'être aux premières loges pour profiter de sa douce chaleur. Il existe aussi des hamacs, des niches, des couvertures, des tentes… en tissu, fourrure, polaire, osier… Tout est possible ! On trouve même des paniers pour chat design à accrocher au mur : nous devenons alors partie intégrante de la déco de la maison...

Manucure oblige !

Dès que j'ai commencé à attaquer le canapé avec mes griffes, j'ai senti que cela allait devenir un sujet de discorde avec mon humaine. Elle n'est vraiment pas contente quand je fais cela, et moi je tente de lui faire comprendre que je ne peux pas m'en empêcher ! De toute façon, si ce n'est pas le canapé, ce sera le papier peint, ou la moquette, ou les pieds de meubles ou... je ne manque pas d'idées ! Je dois me faire les griffes, alors il faut bien trouver où.

Mon humaine m'a finalement acheté un griffoir, excellente idée ! Il est horizontal, en carton et elle le saupoudre régulièrement d'herbe à chat, j'en raffole ! Quand le carton est usé, elle le change : grâce à ses efforts, j'ai décidé d'abandonner le canapé...

Il existe différentes sortes de griffoirs : en carton, mais aussi en sisal, ils peuvent être horizontaux, verticaux, en forme de cabane... Comme nous avons des idées très arrêtées sur nos accessoires, ne vous découragez pas si nous n'utilisons pas le premier griffoir que vous nous présentez. Réessayez, nous trouverons bien un compromis acceptable ! Le meilleur moyen de nous inciter à nous faire les griffes sur le griffoir est de le saupoudrer d'herbe à chat ou de le frotter avec des noyaux d'olives, ou encore de l'asperger de valériane. Effet garanti !

Chat perché

Mon humaine s'est vite rendu compte que j'éprouve un besoin irrépressible de grimper partout où je le peux, et plus volontiers encore sur les étagères, histoire de faire tomber deux ou trois bibelots au passage si possible. Elle m'a donc offert un arbre à chat.

Quelle merveilleuse invention ! Pour moi qui vis en appartement, cela constitue un petit territoire bien à moi, où je peux faire des acrobaties, des feintes et jouer tout mon soûl. Il existe des arbres à chat de toutes les tailles. Le choix dépend de la place dont vous disposez. Certains comportent plusieurs structures, avec des étages différents et deux ou trois paniers. Les plus simples sont composés d'un tronc et d'un panier au sommet. Les arbres à chat peuvent être en sisal, en osier ou en fourrure. Plus grands, plus stables et plus résistants, certains arbres à chat sont spécialement conçus pour les grands chats (Maine coon ou Norvégien).

Attention, mémo vaccins !

N'oubliez pas : un mois après la « visite d'achat » chez le vétérinaire, il vous faudra faire deux nouveaux vaccins (la leucose et la rage) et la seconde injection du vaccin contre le coryza. La première injection du vaccin contre la leucose peut se faire à partir de trois mois, soit au moment de la seconde injection du vaccin contre le coryza. Il nécessite une seconde injection quatre semaines plus tard, puis un premier rappel deux mois après, puis tous les ans. La première injection du vaccin contre la rage peut se faire à partir de trois mois. Il nécessite une seconde injection quatre semaines plus tard, puis un premier rappel un an après, puis tous les ans. Le vaccin contre la rage n'est pas obligatoire, sauf pour les chats séjournant en pension, dans les campings, dans les centres de vacances, pour ceux qui participent à des expositions félines ou ceux qui voyagent. Mais si un cas de rage apparaissait dans un département et que celui-ci était officiellement déclaré infesté par la rage, le vaccin deviendrait obligatoire pour tous les chats et chiens.

Gare au sapin !

Noël approchant, mon humaine a un jour installé le sapin dans le salon. Je me suis assis à côté d'elle pendant qu'elle le décorait et je n'en ai pas perdu une miette ! Elle se doutait bien que tout cela allait beaucoup me plaire, alors elle a pris quelques précautions élémentaires. Elle n'a pas mis de guirlandes tout en bas, sachant que je n'allais pas résister à tirer dessus. Et toutes les décorations qui sont à portée de patte sont en bois ou en plastique. Les figurines, boules et étoiles précieuses, en verre, sont en hauteur. Je trouve cela un peu désobligeant vis-à-vis de moi, mais je ne peux pas lui en vouloir... Quant aux guirlandes électriques, elle sait que je n'y toucherai pas : j'ai bien retenu la leçon que tout ce qui était électrique était interdit !

En revanche, je dois avouer que je n'ai pas été exemplaire avec les cadeaux disposés au pied du sapin... tout ce papier, ce bolduc, ces petites choses colorées : j'ai commencé à m'y attaquer, je n'ai pas pu m'en empêcher ! Mon humaine les a alors tous rangés dans un placard et elle a décidé qu'elle ne les sortirait qu'au dernier moment.

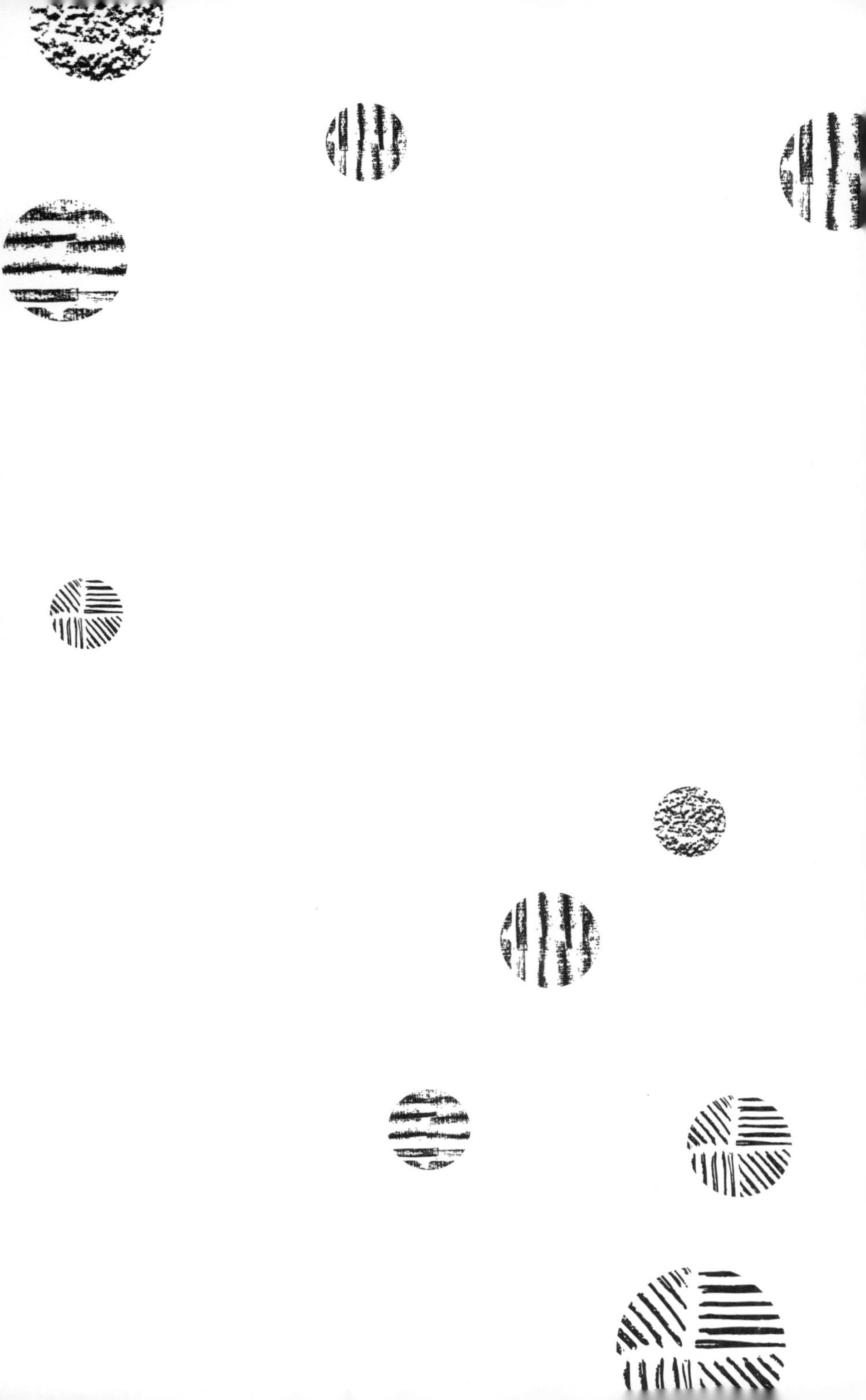

On apprend à se comprendre...

Au fil des jours, mon humaine me comprend de mieux en mieux, maîtrise mon vocabulaire sur le bout des doigts. Une bonne communication, voilà le secret d'une douce entente !

Je miaoute pour qu'elle me comprenne

Au contact de ma première humaine, j'ai découvert que j'avais une très grande palette de moyens pour m'exprimer. Par mes miaulements, je peux indiquer que j'ai besoin de quelque chose (nourriture, boisson, ouverture de porte, câlin…), que je m'ennuie, que j'ai mal quelque part… Cette nouvelle humaine va très vite apprendre à faire la différence entre mes différents miaulements et pourra ainsi subvenir à mes besoins. À force d'utiliser le même miaulement pour la même demande, elle comprendra vite du premier coup la différence entre « Je veux sortir ! », « Je veux des croquettes ! », « Mon bac est dégueu ! » ou « Je veux un câlin ! ». En fait, je peux émettre jusqu'à trente sons différents, dont dix-neuf versions du « miaou » de base.

Les chats ont développé une capacité au « langage oral » au fil des siècles, à force de côtoyer les humains. Entre eux, ils ne sont pas franchement bavards. Bonjour-bonsoir et puis c'est tout, à part quelques longs hurlements en cas de bagarre ou pendant les ébats ou les chaleurs…

Certains chats sont plus bavards que d'autres : ainsi, les Siamois sont connus pour leurs miaulements insistants et sonores !

Dans la plupart des langues, nous disons « miaou » (à quelques variantes près, liées à la prononciation ou à la transcription). Eh oui, nous pouvons en déduire que notre langage est universel, sans frontières !

- *allemand : miau*
- *anglais : meow*
- *arménien : miyau*
- *bulgare : mjaou*
- *catalan : mèu*
- *chinois : miao*
- *espagnol : miau*
- *grec : niáu*
- *islandais : mjá*
- *italien : miao*
- *japonais : niya*
- *norvégien : mjau*
- *portugais : miao*
- *russe : miaou*
- *slovaque : mnau*
- *turc : miyav*

Je ronronne, alors elle sait que je suis bien... ou pas du tout !

Le ronronnement est l'une de nos caractéristiques les plus connues. Généralement, quand je ronronne, le message est clair pour mon humaine : je suis aux anges !

En fait, la plupart du temps, le ronronnement est une manifestation de plaisir. En effet, nous faisons cela lorsque l'on nous caresse, ou quand nous sommes couchés, à notre aise, bien au chaud...

Mais il arrive aussi que des chats malades, accidentés ou fortement stressés ronronnent. Dans ce cas, c'est un moyen pour eux de se rassurer. Le ronronnement est aussi un moyen de guérir : c'est un effet reconnu par les vétérinaires. Après une opération, un chat guérit en effet beaucoup plus vite que n'importe quel animal grâce à cette capacité.

Le ronronnement serait le résultat de mouvements sanguins dans la veine cave, amplifiés par l'air présent dans l'œsophage passant à travers deux membranes situées derrière les cordes vocales. Ils se produisent à une fréquence de vingt-six cycles par seconde.

Le ronronnement des chats a deux effets connus sur l'être humain. D'une part, il entraîne la production de sérotonine, qui a une influence directe sur la douleur, l'anxiété et les cycles du sommeil. Il est d'ailleurs utilisé pour lutter contre le décalage horaire : la sérotonine sert à fabriquer la mélatonine, qui facilite l'endormissement. Écouter un enregistrement de ronronnements pendant quelques minutes avant de prendre l'avion et pendant le voyage éviterait l'effet jet-lag ! D'autre part, le ronronnement permet d'accélérer la cicatrisation des tissus et la réparation des fractures. Des études ont montré que les chats ronronnent dans un spectre auditif situé entre 25 et 50 hertz. Les chercheurs ont la preuve que ces basses fréquences accélèrent la guérison osseuse et musculaire. Celles-ci sont utilisées depuis des années par les kinésithérapeutes en électrothérapie. C'est sans doute à cause de cette capacité à guérir plus facilement que l'on dit que les chats neuf vies !

Mes attitudes parlent pour moi

En réalité, la plupart du temps, je n'ai pas à m'égosiller pour me faire comprendre, car mes postures corporelles sont particulièrement révélatrices de mon état d'esprit :

- Lorsque j'avance les oreilles bien droites et la queue dressée, cela signifie que je suis heureux et bien portant, confiant.

- Lorsque je suis serein, je suis assis ou couché, confortablement installé et en confiance, les oreilles et les moustaches détendues, les yeux mi-clos. Je semble même sourire !

- Lorsque j'ai peur, je me tapis au sol, mes pupilles se dilatent, mes oreilles se couchent à l'horizontale, mes moustaches se plaquent sur mes joues, ma queue est basse, ou entre mes pattes.

- Lorsque je suis prêt à attaquer, je suis bien campé sur mes quatre pattes, je me tiens de biais (pour prendre plus d'importance !), la tête rentrée dans les épaules, les pupilles dilatées, les oreilles couchées, le poil du dos et de la queue tout ébouriffé.

- Durant mon quart d'heure de folie quotidien, je peux prendre la même position et me mettre à marcher en crabe, mais dans ce cas, je joue à la bagarre !

Je peux aussi m'exprimer par de simples mouvements de queue :

• Amples battements : la colère gronde.

• Petits tapotements de l'extrémité : intérêt.

• Queue droite, toute tremblotante : intense satisfaction...

Mes oreilles donnent aussi le « la » :

- Dirigées vers l'avant : je suis décontracté.

- Bien droites, chacune dans une direction différente : j'ai entendu quelque chose, que se passe-t-il ?

- Oreilles pointées vers l'avant et pupilles réduites à une fente, je suis sur le qui-vive.

- Aplaties sur le côté : je ne suis pas content, mais alors pas du tout !

- Couchées en arrière : les choses vont se gâter !

Mon humaine m'apprend en retour ce qu'elle attend de moi

On dit souvent qu'il est impossible de dresser un chat. S'il est vrai que nous sommes beaucoup plus indépendants et moins obéissants que les chiens, il ne faut pas pour autant en déduire que l'on ne peut rien nous apprendre.

Ces derniers temps, mon humaine a trouvé la bonne méthode pour m'obliger à me comporter correctement à la maison : elle a profité du fait que ne suis encore qu'un chaton pour m'apprendre ce qui est autorisé et ce qui est interdit. À chaque fois que je fais une bêtise, elle dit un « Non ! » ferme, m'attrape par la peau du cou et me dépose ailleurs, sans me caresser. Elle fait preuve d'une très grande constance pour parvenir à un résultat, car je suis capable de réitérer la même bêtise des dizaines de fois !

Elle assortit ses ordres de récompenses et de caresses. Bonne idée ! J'ai vite compris qu'à chaque fois que j'obéissais, j'obtenais une croquette ou une friandise. Au bout d'un moment, elle ne s'est même plus déplacée et a assorti son « Non ! » d'un claquement de doigts ou de langue. Ainsi, à la longue, j'ai fini par comprendre ce que cela voulait dire et j'ai arrêté de faire des bêtises.

Un conseil : Même s'il vous semble que votre chat, une fois devenu adulte, est obéissant, ne relâchez jamais votre attention. En effet, même si vous avez réussi à lui inculquer quelques notions d'éducation, il essaiera, tout au long de sa vie, de tenter une petite rapine ou une nouvelle bêtise. Même un vieux matou pourra essayer, un jour ou l'autre, d'aller voler quelque mets sur la table ! Ne tolérez donc jamais un comportement que vous aviez proscrit auparavant (monter sur les tables, voler de la nourriture, aller dans une pièce défendue, etc.) et réprimandez à nouveau votre chat quand il fait quelque chose d'interdit.

Un amour partagé

Dans un sondage réalisé en 2004 par 30 Millions d'Amis, 95 % des possesseurs de chats considéraient que nous faisions partie de leur famille... Ça fait plaisir ! Nos humains nous aiment, ça, c'est sûr ! Pour preuve, ils adorent nos défauts : 20 % des propriétaires de chats trouvent que notre indépendance de caractère est un défaut, et 23 % considèrent que c'est une qualité ! Selon une étude, les humains nous aiment quel que soit l'écart qu'il peut y avoir entre le comportement idéal qu'ils souhaitent nous voir adopter et notre comportement réel. Bon, ce n'est pas une raison pour grimper aux rideaux tous les jours ! Les meilleures relations que nous pouvons avoir avec notre humain sont fondées sur le respect de notre indépendance. Les câlins que nous préférons sont ceux que nous sollicitons. J'avoue que, autant j'adore mon humaine, autant elle m'énerve au plus haut point quand elle me prend dans ses bras par surprise pour me faire des bisous partout. Non mais ho ! Je ne suis pas une peluche. Heureusement, elle a vite compris qu'il valait mieux arrêter ce petit jeu.

Câlins mis à part, nous avons ces 5 besoins essentiels :

1. Mettre à notre disposition de l'eau et de la nourriture, avec un régime adapté à nos besoins.
2. Nous offrir un environnement adéquat (superficie, abris, température, luminosité, sons et propreté).
3. Nous prodiguer les soins de santé (toilettage, vaccinations, antiparasitaires et visites chez le vétérinaire).
4. Nous donner l'opportunité de nous exprimer (même s'il peut y avoir des dissensions sur le marquage territorial).
5. Faire en sorte de nous éviter les situations stressantes.

Le point 4 est souvent le plus conflictuel et le plus difficile à obtenir. En effet, les humains n'apprécient pas trop le marquage territorial. Par ailleurs, nous sommes naturellement des prédateurs. Pour ceux d'entre nous qui vivent en appartement, tout le temps consacré à la chasse dans la nature est remplacé par l'observation et le jeu. Alors, pour éviter que les chats d'intérieur dépriment, il est indispensable de leur apporter un environnement stimulant et jouer souvent avec eux.

Attention au « trop d'amour »

Comme je vous l'ai raconté, ma maman chatte avait le coup de patte facile pour me remettre à ma place quand je faisais des bêtises. Quand je l'ai quittée pour aller chez mon humaine, je me suis dit que j'allais la mener par le bout du nez. Au début, elle s'est laissée faire, puis, elle a trouvé que j'en prenais un peu trop à mon aise et m'a grondé, elle aussi, quand je faisais des choses interdites. Mais il paraît que certains humains, attendris par nos bouilles trop mignonnes ne peuvent pas se résoudre à nous dire non. Ils ne rendent pas service aux chatons qu'ils accueillent, car ceux-ci risquent de développer ce que l'on appelle un

« syndrome d'hyperattachement ». Dans ce cas, ils sont tout le temps collés à leur humain, le suivent partout, miaulent sans cesse pour attirer son attention, sont en permanence sur ses genoux, etc. Ils sont extrêmement malheureux quand leur humain doit partir travailler, et font souvent de grosses bêtises dans ce cas-là. Ils développent une anxiété de séparation, qui se manifeste par un stress important (miaulement, destructions, pipis, toilettage excessif...)

Il ne suffit donc pas de nous aimer, il faut nous aimer « bien ».

Petit message aux humains qui ne nous comprennent toujours pas

Dans l'étude des chats (et des autres animaux), vous, les humains, vous êtes longtemps heurtés à un obstacle de taille : comment évaluer nos compétences et nos ressentis, puisque nous ne pouvons pas parler ?

Vous réalisez que, jusque dans les années 1980, la communauté scientifique n'était pas tout à fait sûre que les animaux ressentaient la douleur ? Aujourd'hui, les scientifiques savent que nous pouvons non seulement ressentir la douleur, mais aussi la souffrance, c'est-à-dire le stress lié à la conscience d'avoir mal. Bon, en même temps, quand on découvre que les chirurgiens n'anesthésiaient pas les bébés humains jusque dans les années 1970 quand ils les opéraient, car ils pensaient que ceux-ci n'étaient pas vraiment conscients, et que de toute façon ils ne se souviendraient de rien... On a fait du chemin depuis, heureusement. De nos jours, la recherche vétérinaire a évolué, et tout particulièrement celle nous concernant. Nous sommes longtemps passés au second plan, après les chiens, mais aujourd'hui nous sommes heureusement considérés avec les égards que nous méritons.

Les vétérinaires savent maintenant que nous avons une excellente vue pour repérer ce qui bouge, mais que nous sommes complètement miros dès qu'il s'agit d'un objet inanimé et que nous ne percevons pas la couleur rouge. Ne vous énervez donc pas si nous ne faisons pas des bonds devant une petite balle rouge qui ne bouge pas... Et si nous voyons dans la pénombre, on n'est pas des robots non plus, et nous ne distinguons que couic dans le noir complet ! Les vétos ont aussi bien compris que notre ouïe est balèze : nous entendons des sons qu'un humain ne pourra jamais percevoir. Alors, ne vous imaginez pas forcément qu'on voit des esprits, des fantômes ou des farfadets quand on regarde dans une direction fixement : c'est juste qu'on a entendu les petits pas d'une souris au loin (en tout cas, la plupart du temps...)

Quant au goût, nous ne distinguons pas le sucré, mais nous avons des fibres nerveuses spécifiquement dédiées au goût de l'eau. Ne nous traitez donc pas de chipoteurs quand nous ne voulons pas boire votre eau toute javellisée des villes ! Elle n'est vraiment pas bonne ! Et arrêtez de nous donner à boire dans des gamelles en plastique tout dégueu ! (Excusez-moi, c'était le coup de gueule du jour…) Ah, j'oubliais ! pendant que nous parlons nourriture : je ne sais pas d'où vous sortez cette idée que nous savons ce qui est bon pour nous. Non, on ne sait pas. Pas plus que vous, d'ailleurs. Ne faites pas les malins, je sais très bien qu'il y a environ mille intoxications aux champignons chez les humains tous les ans. Ne laissez donc pas traîner sur la table du lait chocolaté ou des plats contenant beaucoup d'ail ou d'oignon. Nous sommes tout à fait capables de nous jeter dessus, quitte à finir chez le véto… ou pire. À bon entendeur.

Les chats, maîtres du monde ?

Selon certains scientifiques, les chats seraient capables de contrôler les esprits humains comme ils auraient déjà pris le contrôle des cerveaux des souris ! En effet, d'après une étude publiée par BioMed Central, un éditeur scientifique anglais, le parasite toxoplasma gondii, que les chats transmettent par leurs excréments, pourrait affecter les cerveaux humains. Des scientifiques avaient déjà prouvé que les souris infestées par Toxoplasma gondii *n'avaient plus peur des chats et allaient même se jeter dans leur gueule. De là à dire que les humains qui abritent le parasite seraient réduits par les chats à l'état d'esclavage, il n'y a qu'un coussinet...*

Les rituels beauté et toilette, 25 % de ma journée !

Pour bien nous comprendre, il est très important de savoir que nous, les chats, passons chaque jour de longues minutes à nous lécher. C'est notre deuxième activité après la sieste, nous y consacrons 25 % de notre vie éveillée !

Décryptage de notre rituel favori

Nous prenons grand soin de notre pelage, même s'il n'est pas très sale ! D'ailleurs, vous ne verrez jamais un chat plein de boue faire sa toilette… nous attendons que la saleté sèche et tombe toute seule, ou que notre humaine s'en occupe. Grâce à notre souplesse exceptionnelle, nous pouvons atteindre presque toutes les parties de notre corps avec notre langue (tête et cou excepté).

Nous avons nos petits rituels : tous les chats se passent la patte derrière l'oreille de l'arrière vers l'avant, et jamais le contraire ! Nous nous léchons souvent après le repas, c'est notre petit moment à nous. Le temps que nous passons à nous occuper de chaque partie de notre corps n'est pas du tout proportionnel à sa surface : par exemple, la tête ne représente que 15 % de la surface de mon corps, mais j'y consacre 25 % de mon temps de toilette !

En plus de l'entretien de ma fourrure, en éliminant les poils morts, le léchage me permet de mieux synthétiser la vitamine D quand je m'expose au soleil. La toilette contribue également à la sécrétion d'endorphine, et est aussi une façon d'ôter les odeurs qui me collent à la peau (les mains de mon humaine lorsqu'elle me caresse, par exemple !). Cela me permet de remettre le compteur olfactif à zéro, en déposant mon odeur personnelle sur mon pelage.

Seul inconvénient du léchage : je ne digère pas les poils morts que j'avale et qui peuvent former des boules dans mon estomac. Il n'y a pas trente-six solutions : ces trichobézoards (c'est leur nom scientifique, je le trouve rigolo) doivent repartir, soit par le haut, soit par le bas !

Lorsque je me purge en mangeant de l'herbe, cela me permet de régurgiter ces pelotes de poils sous forme de cigare. Les boules de poils peuvent aussi être évacuées dans les selles. Mais attention, si j'avale trop de poils, mon appareil digestif risque d'être obstrué. C'est pour cela que j'ai besoin de l'aide de mon humain, pour qu'il me brosse régulièrement. Je connais des chats à poil long auxquels on donne des croquettes spéciales qui les aident à mieux évacuer les boules de poils, cela peut aider. Mais le plus efficace reste le brossage et un pot d'herbe à chat !

L'accessoire beauté n°1

La langue du chat contient 300 petites papilles creuses et rigides en forme de cuillère qui se terminent en de petites pointes courbes et creuses. Elles attirent et stockent l'eau de la salive comme une paille que l'on trempe dans du liquide, puis la transfèrent à la base des poils. Râpeuse grâce à ces petites excroissances, la langue du chat agit comme un peigne, qui démêle le pelage, le lisse, retient les saletés, les parasites, retire les poils morts et fait pénétrer la salive profondément dans les poils. C'est leur secret beauté pour bien se laver !

Attention au léchage pathologique

Une absence de léchage, ou au contraire un léchage excessif doivent attirer l'attention de son humain, car cela est bien souvent un signe de maladie ou de trouble du comportement. Un chat qui ne se lave pas a peut-être été séparé trop tôt de sa maman, et il ne sait pas comment faire. Je connais aussi des vieux chats qui ne se lavent plus beaucoup parce qu'ils sont perclus de rhumatismes ou sont un peu trop gros... En revanche, un chat qui se lavait normalement et qui se met soudain à se lécher frénétiquement peut révéler un problème de santé ou de comportement. Un léchage excessif accompagné d'un mordillement peut être le signe d'une infestation par les puces.

Le léchage entraîne la production d'endorphines, il peut donc être le signe que le chat souffre ou est anxieux. Dans le cas d'un trouble du comportement lié à l'anxiété, le chat se lèche furieusement, au point de s'arracher des poils, voire même de s'automutiler.

Rendez-vous entre amis... ou pas

Le léchage a également une fonction sociale. Nous nous léchons souvent entre amis, pour montrer notre affection. Dans ce cas, le léchage est doux, peu insistant et le chat nettoie souvent des zones inaccessibles à son compagnon, comme l'intérieur des oreilles ou la face. Mais parfois, c'est une autre affaire ! J'ai déjà assisté à des séances de toilettage entre les chats du voisinage, et je peux vous dire que ce n'est pas parce qu'ils sont amis ! En effet, le léchage peut être un substitut de l'agression : un chat agressif lèche son adversaire au lieu de se bagarrer avec lui. Dans ce cas, il lèche l'autre chat de manière insistante et frénétique, en le maintenant au sol. Ce qui ne l'empêche pas, parfois, lorsque l'autre chat veut s'enfuir, de lui mettre quand même une raclée ! Méphisto, le chat des voisins, est un adepte de cette technique, que je ne trouve vraiment pas correcte...

Il nous arrive aussi de lécher notre humain (et nos amis des autres espèces comme les chiens, les lapins, etc.) pour leur montrer qu'on les apprécie et laisser notre odeur sur eux. Celle-ci nous permet de nous rappeler qu'ils sont nos compagnons, c'est comme un pense-bête !

Mais attention, quand nous léchons notre humain près des aisselles, des paumes des mains ou des pieds, cela a encore une autre signification : nous « sentons » les messages de ses phéromones. Dans ce cas, nous pratiquons le flehmen : regard un peu vide, bouche ouverte, notre langue pousse l'air rempli de messages chimiques jusque dans notre organe voméronasal qui décodera ces messages pour nous aider à mieux comprendre l'état d'esprit de notre humain.

Un peu d'aide de mon humaine

Bien que nous passions de longues heures chaque jour à nous pomponner, nous avons parfois besoin d'un peu d'aide… Nous ne pouvons pas toujours atteindre certaines zones de notre corps. Notre humain prend alors le relais. Bon, ce n'est pas toujours de gaieté de cœur, et certains d'entre nous ne se laissent pas faire, mais au bout du compte, nous savons que c'est pour notre bien, alors…

Pour nous garder en bonne santé, vous devez nous toiletter régulièrement. Rien de tel que la prévention : en toilettant régulièrement votre chat, vous vous assurez qu'il n'a pas de petite blessure. Consacrez-lui une heure une fois par semaine. Pour toiletter facilement votre chat, habituez-le tout petit à être manipulé régulièrement.

Que nous soyons à poil court ou à poil long, nous devons être régulièrement brossés (une fois par semaine en moyenne). Si notre fourrure forme des bourres, démêlez-la patiemment à la main, puis éliminez les derniers nœuds au peigne. Attention ! il faut bien tenir les poils entre la bourre et la peau pour ne pas tirer sur la touffe en la peignant. Vous pouvez aussi raccourcir les touffes emmêlées avec des ciseaux à bouts ronds. Là aussi, maintenez les poils pour ne pas risquer de nous faire mal. Allez-y doucement, tout particulièrement sur les zones sensibles (abdomen et base de la queue), car nous n'aimons pas trop être tripotés à ces endroits-là.

Inspectez nos oreilles une fois par semaine, pour être sûr qu'il n'y a pas de problème. Une oreille saine présente une peau rose, avec un très léger dépôt de sébum. Dans ce cas, il suffit de faire un nettoyage au sérum physiologique sur un coton. N'employez jamais d'autre produit, sauf conseil du vétérinaire, et surtout pas de coton-tige, qui repousse les saletés au fond du conduit auditif. Prenez-nous sur les genoux, tenez-nous fermement la tête d'une main (ne rêvez pas, on ne va pas trop se laisser faire) et nettoyez l'oreille de l'autre. Si l'oreille présente un dépôt brun-noir important, c'est sans doute que le chat est atteint par le parasite de la gale auriculaire. Cette infestation est bénigne et facile à soigner avec un traitement antiparasitaire, qui vous sera indiqué par votre vétérinaire.

Dans la nature, nous nous nettoyons les dents en mangeant. Les croquettes sont étudiées pour avoir un effet abrasif sur notre dentition et éviter le dépôt de tartre. Mais, pour ceux qui mangent de l'alimentation humide, il peut être nécessaire de nettoyer les dents afin d'éviter la formation de tartre.

Pour nettoyer les dents d'un chat, il vaut mieux l'y avoir habitué tout petit. Sinon, il risque de ne pas se montrer très coopératif ! Dans tous les cas, il faut prendre une brosse souple et procéder avec la plus grande délicatesse. Il ne faut jamais employer du dentifrice pour humain : il existe des dentifrices spécifiques pour nous, spécialement étudiés pour nous plaire. Mais si votre chat ne se laisse pas faire, n'insistez pas et achetez-lui des friandises spéciales : en les mastiquant, il se nettoiera naturellement les dents.

En principe, un chat en bonne santé n'a pas besoin qu'on lui nettoie les yeux. À deux exceptions : les chats au pelage très clair et les chats à la face plate. Sur les chats blancs, même un très léger larmoiement peut entraîner des marques sur le poil. Chez les chats à face plate (Persan, Exotic shorthair...), le larmoiement est la conséquence du rétrécissement, voire de l'obstruction du canal lacrymal. Ce n'est pas douloureux, mais cela entraîne un écoulement de larmes qui laisse des taches disgracieuses sur le pelage. Il existe de nombreux produits vétérinaires ou de toilettage disponibles dans les magasins spécialisés pour nettoyer nos yeux. Mais vous pouvez également utiliser du sérum physiologique sur un coton à démaquiller.

Les chats comme moi, qui ont l'occasion de sortir régulièrement, se font les griffes dans la nature et les usent donc facilement. Mais vous devez entretenir vous-même les griffes des chats d'intérieur, bien que cela ne soit pas obligatoire si vous avez un griffoir ou un arbre à chat. Si vous ne coupez pas les griffes de votre chat et qu'elles ne s'usent pas d'elles-mêmes, elles peuvent s'incarner et sont bien sûr plus destructrices. Nous n'aimons vraiment pas ça, alors ne répétez pas que je vous l'ai dit : pour nous couper les griffes, prenez une pince à guillotine, vendue dans les magasins spécialisés. À défaut, utilisez un coupe-ongles. Placez sur vos cuisses une couverture épaisse. Prenez votre chat sur les genoux ou coincez-le sous un bras (selon son niveau de coopération.) Attrapez d'une main une de ses pattes et appuyez au bout, de manière à faire sortir les griffes, et de l'autre main coupez-les une par une. Soyez très prudent en coupant : par transparence, vous pouvez voir au sein de la griffe la pulpe, rose. Celle-ci est innervée et ne doit donc surtout pas être entamée. Soyez ferme, rapide et précis. Cette manucure est délicate et ne doit pas durer trop longtemps : vous imaginez bien qu'on ne va pas vous faciliter le travail !

La trousse de beauté

Pour toiletter votre chat, vous aurez besoin du matériel suivant :

- *une brosse (chats à poil court) ;*
- *une brosse ou peigne métallique ou étrille (chats à poil long)*
- *un peigne à dents fines ;*
- *une pince à guillotine ;*
- *du coton ;*
- *des compresses ;*
- *une brosse à dents.*

Un lien particulier, au fil des semaines

Semaine après semaine, nous nous sommes habitués l'un à l'autre, mon humaine et moi. Nous connaissons nos habitudes, nos gestes, nous horaires. Nous avons même pu instaurer, petit à petits, des rituels bien à nous, principalement à base de câlins... Et j'ai quant à moi pu développer un instinct protecteur tout particulier vis-à-vis d'elle, un genre de sixième sens d'amour...

Des rituels rien qu'à nous

Selon Anne-Claire Gagnon, la vétérinaire qui murmure à l'oreille des chats, « le propriétaire a une influence possible sur le développement de certains comportements de son chat [...]. Ainsi, lorsqu'il revient le soir chez lui, selon qu'il caresse son chat qui ronronne, selon qu'il lui parle, ou bien encore qu'il lui dit bonjour avec une caresse front à front, le propriétaire va peu à peu ritualiser un comportement d'accueil qui deviendra spécifique de sa relation avec son chat. » Cela signifie donc que, au fil des ans, humain et chat peuvent développer des moyens de communiquer qui leur sont propres. Et cela ne se fait en un jour !

Une affection non feinte

Un certain M. Edwards a fait des recherches sur l'attachement des chats pour leur humain. Dans son expérience, placé dans une pièce inconnue, soit avec son propriétaire, soit avec un inconnu, soit seul, un chat bouge, explore et joue plus volontiers en présence de son propriétaire qu'avec l'étranger. Et il reste sans rien faire en miaulant lorsqu'il est laissé seul, ce qui prouve son anxiété. Les chats sont plus heureux avec leur humain, CQFD ! Le professeur Leyhausen a

> *même indiqué en 1979 que les chats seraient capables d'avoir des relations plus proches avec leur humain qu'entre eux.*

Nos câlins, le meilleur moment de la journée

Les câlins ont un rôle tout particulier dans la relation que nous construisons ensemble.

Car les câlins, ce n'est pas rien pour moi, c'est quand même le meilleur moment de la journée !

J'ai réussi à instaurer un rituel immuable : j'ai droit à deux séances par jour, le matin après le petit déjeuner et le soir vers 17 heures. Je vais voir mon humaine quand elle est assise sur le canapé et je passe, je repasse, je me frotte contre ses jambes, je miaule... Cela a le mérite d'être clair ! Elle comprend vite que c'est mon quart d'heure.

Quand je fais un câlin à mon humaine, je reproduis les gestes que je faisais quand je tétais maman : je la pétris avec mes pattes avant, je ronronne et... je bave un peu. Certains chats tètent le lobe de l'oreille de leur humain ou la laine de leur pull. En général, les humains apprécient peu le pétrissage et la tétée quand ils sont en pull, surtout si celui-ci est d'une matière noble – ce que nous apprécions particulièrement...

J'aime infiniment que mon humaine me caresse, surtout sur la tête, le menton, le cou et les épaules. Mais si elle me touche la base de la queue ou le ventre, là je n'apprécie pas beaucoup. Les caresses à ces endroits-là me rendent un peu nerveux. Certains chats deviennent même complètement fous et seraient capables de mordre ou de griffer quand leur humain insiste. Même s'ils ont plutôt bon caractère et sont sympathiques d'habitude...

Les caresses de mon humaine me font du bien, et je vois bien que nos câlins lui font du bien à elle aussi !

Des études très sérieuses ont démontré les bienfaits du caressage de chat sur les humains. Caresser un chat fait baisser la tension et ralentir le rythme cardiaque. Ce qui, à la longue, réduit le risque de défaillances cardiaques et rallonge l'espérance de vie des propriétaires de chats souffrant de problèmes de cœur.

Mon sixième sens d'amour pour elle

Bien que nous nous comprenions de mieux en mieux au fil des jours, je sais que mon humaine aimerait parfois que je puisse me mettre à lui parler carrément, avec des mots humains, à lui raconter ma journée, je sais qu'elle s'interroge souvent sur mes activités en son absence. La preuve, c'est qu'elle est très intéressée par ce gadget, cette mini-caméra qui se fixe à mon collier et qui permet de voir quelles sont mes activités quotidiennes !

En fait, pour ce qui me concerne, je n'ai pas besoin de lui fixer une mini-caméra sur la tête ou à son collier, je ne peux pas vous expliquer pourquoi, mais je sais toujours exactement quand mon humaine va rentrer. Vous savez que nous avons un sixième sens, nous les chats ?

Comme tous les chats, j'ai rapidement construit un lien très fort avec mon humaine, et je me demande maintenant ce que je deviendrais si j'étais longtemps séparé d'elle !

D'ailleurs, pour retrouver mon humaine, je serais prêt à tout. Le lien qui nous unit me permet de la rejoindre, où qu'elle soit.

Un lien d'autant plus fort que mon humaine est… une femme !

Vous le savez, le lien qui m'unit à mon humaine est très fort. Nous passons de longs moments, chaque jour, à faire des câlins. Je sens quand elle est triste, heureuse, stressée, paisible… Les médisants disent que notre proximité n'est liée qu'au fait qu'elle me fournit en croquettes. C'est faux, bien sûr ! Nous partageons bien plus que cela, les chercheurs le reconnaissent. En fait, notre lien est d'autant plus fort que mon humaine est… une femme !

En effet, les faits le prouvent : quand les enfants ne sont pas à l'origine de l'arrivée d'un matou dans la famille, c'est à 90 % la femme. C'est elle qui, dans le couple, se charge de la plupart de nos soins, nous emmène chez le vétérinaire, nous soigne, etc. Par ailleurs, si nous avons la réputation de distiller notre affection au compte-gouttes, selon notre agenda, il se trouve que les femmes s'accommoderaient bien mieux de ce comportement que les hommes, car elles se sentiraient « intrinsèquement gratifiées par le fait de nourrir quelqu'un sans espoir de réponse en retour », selon la comportementaliste animalière Pia Salk.

Nous sommes également plus réceptifs aux sons émis par les cordes vocales féminines, car elles produisent des notes plus aiguës que les hommes. Notes que nous percevons mieux. Les spécialistes déclarent aussi que les femmes sont plus proches de nous car nos miaulements ressemblent parfois à des pleurs d'enfant et que cela déclencherait leur instinct de protection. Moi, je pense plutôt que c'est parce que nous sommes autonomes et indépendants et que nous savons ce que nous voulons, contrairement à qui vous savez... Mais bon, c'est une opinion qui n'engage que moi ! Enfin, les recherches ont démontré que nous avons plus d'interactions avec les femmes, naturellement plus tactiles que les hommes. D'instinct, nous nous approchons plus volontiers d'elles.

Notre histoire d'amour remonte à la nuit des temps et est bien loin d'être finie. Les scientifiques sont loin d'avoir exploré toutes les facettes de notre attachement mutuel et ses motivations. Mais je n'ai pas besoin d'eux pour savoir que notre lien est unique et nous apporte à tous les deux bonheur et affection.

LE SIXIÈME SENS DES CHATS : HISTOIRES D'AMOUR FOU

Un scientifique anglais, Rupert Sheldrake, a mené des expériences sur le sixième sens du chat qui lui permet de « ressentir » l'approche de son humain. Selon ses sources, sur 1 200 foyers observés, 91 d'entre eux abritaient des chats qui présentaient ce type de comportement. Bien avant que l'humain n'arrive à la maison, et parfois avant même qu'il monte en voiture, son chat se préparait à son retour et l'attendait derrière la porte. L'étude comprenait des tests, avec un témoin à la maison et un autre dans le véhicule du maître, et des parcours différents, effectués à des horaires variés.

De nombreuses anecdotes relatent comment des chats ont retrouvé leur humain après avoir parcouru des milliers de kilomètres.

Ainsi, l'histoire de Tom qui, en 1949, a traversé les États-Unis pour retrouver ses maîtres, lesquels avaient quitté leur maison de Floride pour s'installer en Californie... Ce qui lui a pris deux ans et représente une moyenne de 5 kilomètres par jour. Ou encore l'histoire de Sugar, qui a retrouvé ses maîtres ayant quitté la Californie pour l'Oklahoma.

Karim a parcouru plus de 3 200 kilomètres pour retrouver ses humains. En 2008, peu avant son déménagement, son humaine a décidé de confier Karim à ses voisins, en Ouzbékistan, estimant que le voyage jusqu'à la Russie serait trop éprouvant pour lui. Deux ans après, elle aperçoit Karim sur le pas de la porte de sa nouvelle maison russe. « Je savais par mes anciens voisins qu'il avait disparu de la maison quelques jours après notre départ et j'en étais très triste », relate-t-elle avant de détailler les retrouvailles : « Un jour, alors que je marchais le long de la route, j'ai vu ce chat qui semblait m'attendre. Quand je me suis approchée, j'ai vu que c'était Karim – amaigri et en mauvaise condition, mais c'était bien lui. Je n'ai aucune idée de comment il nous a trouvés mais je suis très contente qu'il l'ait fait. »

Cookie vivait à Beaumont-en-Auge (Calvados). En janvier 2013, il s'installe avec son humaine à Grasse (Alpes-Maritimes), car elle doit y séjourner pendant trois mois pour des raisons professionnelles. Malheureusement, en mars, le chat disparaît. Son humaine remue ciel et terre pour tenter de le retrouver, sans résultat. En août 2014, l'humaine de Cookie reçoit un appel d'un vétérinaire d'Orbec, une ville voisine de Beaumont-en-Auge : Cookie est dans son cabinet vétérinaire. Amaigri, épuisé, le chat est méconnaissable, mais finit par rentrer chez son humaine en octobre, après trois mois de soins.

Leurs odyssées ont conduit ces chats dans des endroits qu'ils ne connaissaient pas, traversant des routes et des zones industrielles... Toutes sortes de lieux où il semble difficile que leur odorat ait pu leur servir.

Les chercheurs se penchent toujours sur ce phénomène, qu'ils ne parviennent pas à expliquer et qui est difficile à étudier scientifiquement. Comme les chiens, les chats sont dotés de la capacité de retrouver leur chemin. Les avis divergent sur les sens employés. Pour certains, il s'agit tout simplement d'une observation fine de l'environnement et de l'utilisation de leurs cinq sens, en particulier l'odorat. Pour d'autres, ils feraient appel à un sens inexpliqué à ce jour.

Régulièrement, des histoires de chats qui ont sauvé leur humain paraissent dans la presse.

Ainsi, Baby, un chat sourd-muet, a sauvé la vie de son humain, qui venait d'être victime d'une crise cardiaque. Il a réveillé sa femme en se jetant à maintes reprises sur sa poitrine. Elle a pu ainsi découvrir son mari, qui s'était effondré dans une autre pièce.

Une nuit, Bart est alarmé par quelque chose d'anormal : son humain José était en pleine crise d'épilepsie. Le chat s'est précipité dans la chambre de la mère de José, lui léchant les paupières et lui donnant des petits coups de griffes. Celle-ci s'est levée et a pu appeler une ambulance.

Plus étrange encore, l'attitude de Ringo : alors que ses humains ne se sentaient pas très bien depuis quelques jours, il a été pris un matin d'une panique totale. Il se jetait sur la porte d'entrée et son humaine Carole l'a laissé sortir. Il a alors fait des allers-retours en miaulant, jusqu'à ce que Carole le suive. Il s'est alors mis à creuser dans le jardin frénétiquement, jusqu'à ce que celle-ci perçoive une violente odeur de gaz provenant d'une conduite enterrée, qui fuyait, provoquant des malaises chez eux !

Flash, quant à lui, n'a pas hésité une seconde à venir au secours de son humaine Kelli, enceinte de cinq mois et attaquée par un molosse. Le chat s'est précipité sur le chien, s'enroulant littéralement autour de sa gorge, lui donnant des coups de griffe en direction des yeux. Le chien a pris la fuite, ne demandant pas son reste !

Monty a réveillé son humaine en lui mordillant la main. Une fois debout, il l'a devancée dans la cuisine, s'asseyant près du nécessaire à tester la glycémie. Diabétique, Patricia était en hypoglycémie sévère. Monty est resté auprès d'elle jusqu'à ce qu'elle mange et refasse un test. Ce n'est qu'après celui-ci qu'il est retourné se coucher auprès d'elle.

Sosa est immédiatement intervenue lorsqu'elle a vu un serpent s'approcher de son humaine dans le jardin. Elle lui a donné des coups de patte pour protéger Kimberley. La petite chatte s'est fait mordre à la patte en protégeant son humaine. Le reptile a par la suite été identifié comme très venimeux. Sosa s'en est sortie après avoir passé trois jours dans une clinique vétérinaire.

Hobbes a sauvé la vie de son humaine en la réveillant au beau milieu de la nuit alors que son appartement était en feu. Le détecteur de fumée ne s'était pas déclenché, mais les hurlements de Hobbes ont réveillé les membres de la famille, leur permettant de quitter l'immeuble. En quelques minutes l'immeuble étant envahi d'une épaisse fumée et de vapeurs toxiques de monoxyde de carbone.

On raconte encore des anecdotes de chats qui, par leur comportement, ont prévenu leurs maîtres de l'imminence d'un tremblement de terre, d'une éruption volcanique, d'une tornade ou encore d'un bombardement… Des miaulements frénétiques, un comportement insolite, des allées et venues soudaines doivent vous alerter : quelque chose ne va pas ! Lorsque vous connaissez bien votre chat, vous détectez très rapidement à son attitude s'il essaye de vous prévenir qu'un événement inhabituel se produit.

QUELQUES TROUBLES DU COMPORTEMENT… QUAND VOTRE TIGROU N'EST PAS AU MIEUX

La plupart du temps, les chats vivent heureux et en parfaite harmonie avec leur maître. Mais il peut arriver que, pour une raison ou une autre, ils développent un trouble du comportement. Celui-ci peut se manifester à la suite d'erreurs d'éducation, de traitements inadaptés, ou encore pour une raison physiologique…

Tigrou n'est pas propre, cherchons-en la cause

Si votre chat n'est pas propre et refuse de faire ses besoins dans sa caisse, cherchez-en la cause. Les chats peuvent arrêter d'utiliser leur bac pour plusieurs raisons. Par exemple, s'ils ont été effrayés par un grand bruit ou s'ils ont eu une soudaine attaque de diarrhée alors qu'ils étaient dans leur caisse. Emmenez votre chat chez le vétérinaire pour vérifier qu'il n'a pas une infection ou une maladie. Il peut avoir mal aux coussinets, ce qui est aggravé au contact des grains de litière. Un problème de propreté peut également être lié au bac : emplacement, fréquence de changement de la litière, partage avec d'autres chats…

Tigrou n'arrête pas de faire sa toilette : il stresse

Les chats ont toutes sortes de raisons de se lécher, qui ne sont pas toutes dictées par leur souci de propreté ! Mais un toilettage excessif est le signe d'un stress. Si un chat se lèche sans arrêt, c'est pour lui un moyen de se rassurer en effectuant une tâche à laquelle il est habitué. Ce comportement peut apparaître à la suite d'un changement dans son environnement ou dans vos habitudes. Il faut tout d'abord tenter de repérer ce qui est à l'origine du problème, puis essayer de trouver une solution. Si son comportement ne cesse pas, il est préférable de conduire votre chat chez le vétérinaire.

Tigrou a peur : défaut de socialisation

Certains chats sont complètement terrorisés dès qu'une personne inconnue vient chez eux. Ils bondissent à chaque coup de téléphone et partent se cacher en cas de bruit un peu fort... Cette attitude est typiquement le résultat d'un défaut de socialisation alors qu'ils n'étaient encore que des chatons. Ils n'ont pas été confrontés à des situations différentes étant petits, sont peut-être même restés parqués dans une pièce, et sont donc totalement effrayés par tout ce qu'ils ne connaissent pas. Cette attitude est très difficile à rattraper, car elle relève d'un traumatisme profond. Pour ces chats-là, la meilleure solution est une rééducation progressive.

Mettez de la musique en sourdine d'abord, puis de plus en plus fort, tout en caressant et rassurant votre chat, par exemple. Procédez par étapes, soyez très patient et évitez de le traumatiser avec des méthodes de choc ! Sachez par ailleurs qu'il est possible que vous ne parveniez pas à le rééduquer. Essayez dans ce cas de limiter ses causes de stress et ne l'empêchez pas d'aller se cacher sous le lit s'il en éprouve le besoin.

Tigrou est agressif : plusieurs raisons possibles

Un chat qui se montre agressif envers ses maîtres peut l'être pour plusieurs raisons : cela peut résulter d'un problème de socialisation, d'un problème de hiérarchie ou d'un problème physiologique. Un chaton qui aurait vécu toute la première partie de sa vie complètement à l'écart des humains, dans une portée élevée dans la nature par exemple, ne saurait pas se comporter avec eux. C'est pourquoi il peut se montrer agressif. Un chaton auquel ses propriétaires n'auraient pas donné quelques interdits, et qui auraient encouragé des parties de bagarre, peut lui aussi se montrer querelleur, pour prouver que c'est lui le chef, en quelque sorte. Enfin, n'oubliez pas qu'un chat qui souffre peut se montrer agressif : si votre chat feule après vous ou cherche à vous griffer soudain sans raison, emmenez-le chez le vétérinaire afin qu'il procède à son examen complet.

L'instinct de chasseur de Tigrou prend le dessus

Si votre chat vous « attaque » à chaque fois que vous passez à côté de lui, ce n'est pas forcément un signe d'agressivité. S'il ne sort pas les griffes, c'est qu'il a envie de jouer avec vous et qu'il vous sollicite ainsi. Il peut, de temps en temps, vous donner un petit coup de patte de velours quand il trouve que vous passez trop de temps sur votre ordinateur. Il vous rappelle ainsi son existence ! Si votre chat sort les griffes, vous portez peut-être un vêtement avec des pans, des franges ou des cordons qui l'attirent et réveillent son instinct de chasseur. Il vous sera plus facile de modifier votre garde-robe que de faire taire l'instinct de votre Tigrou !

PARTIE III

Notre quotidien, mille découvertes

Famille, je vous aime

La vie au quotidien avec son humaine, ce n'est pas non plus la même journée qui se répète à l'infini... Le quotidien apporte aussi son lot de surprises, à commencer par l'arrivée de nouveaux individus en tous genres, qui viennent agrandir ce que mon humaine appelle la « famille ». Ainsi, quand mon humaine a rencontré l'homme de sa vie, il a bien fallu que je m'adapte... Et surtout, j'ai vite appris que ce nouveau venu pouvait en cacher un autre ! Je vous raconte.

Un intrus entre nous (mon humaine est amoureuse)

Depuis quelque temps, mon humaine s'absentait plus souvent, passait plus de temps au téléphone... et, surtout, je devais fréquemment partager le canapé avec deux grandes jambes dont l'odeur ne m'était pas encore tout à fait familière. Et puis, un beau jour, un camion de déménagement s'est garé dans l'allée...

Réussir à s'apprivoiser et à se respecter

L'homme aux grandes jambes, suivi de toutes ses affaires, est arrivé et s'est installé ici. Sur le moment, j'ai été surpris. Et mécontent. Car, dès que son ami est arrivé à la maison, je me suis bien rendu compte que mon humaine allait moins s'occuper de moi et que les câlins seraient moins fréquents.

Au début, je peux vous dire que je lui ai battu froid, et dès qu'il essayait de s'approcher de moi, je lui tournais le dos. Une fois ou deux, je lui ai même feulé après, histoire de marquer le coup. Mon humaine m'a alors consacré plus de temps, et puis nous avons fait quelques câlins à côté de mon nouvel humain.

Je dois reconnaître qu'il a quand même certaines qualités. Il est assez calme et, comme il travaille à la maison, il s'occupe de moi dans la journée. Mon humaine lui a demandé de me nourrir et cela a singulièrement amélioré nos relations. Il essaie même de jouer avec moi, mais je tiens à lui montrer que c'est moi qui décide. Il se met à quatre pattes, avec une souris en peluche à la main, l'agite sous mon nez... Moi, je le regarde, l'air dédaigneux, je me lèche un petit coup et je lui tourne le dos. Il ne faudrait pas qu'il s'imagine qu'il va faire ma conquête aussi facilement !

Petit à petit, l'homme aux grandes jambes et moi avons fini par nous apprivoiser. Mais cela ne s'est pas fait en un jour ! Nous avons dû faire connaissance. Il a d'abord adopté l'attitude idéale : il ne s'est pas imposé, et a attendu que je vienne le voir. Quand je me suis approché, il m'a caressé, mais sans insister. Il m'a laissé partir dès que j'en ai eu assez. Et, petit à petit, mes approches se sont répétées et les câlins ont duré plus longtemps...

Ensuite, nous avons découvert nos limites respectives. J'ai ainsi appris qu'il y a deux-trois choses sur lesquelles il est inflexible : je ne dois jamais me coucher sur son costume (il paraît que je perds mes poils), je n'ai pas intérêt à jouer avec son téléphone portable et je dois éviter à tout prix de le réveiller en lui léchant les oreilles (ce qui fait pourtant rire mon humaine...). De son côté, il a découvert que je viens très rarement quand on m'appelle (sauf friandise à la clé), que j'ai un sens de l'humour très limité (il l'a compris le jour où il a essayé de me mettre sa casquette), et qu'il vaut mieux éviter de me réveiller en sursaut.

Après quelques mois, nous sommes devenus très copains, même si je n'ai pas les mêmes relations avec lui qu'avec mon humaine. Je l'aime beaucoup, mais je n'oublierai jamais que c'est mon humaine qui m'a choisi et m'a élevé.

Le lien qu'un chaton noue avec son premier humain est, et restera toute sa vie, plus fort qu'aucun autre. La maîtresse humaine est un peu la seconde maman d'un petit chat qui lui restera plus attaché qu'à aucun autre humain. C'est elle qu'il viendra voir en premier quand il aura envie de faire un câlin.

Mon humaine attend un bébé !

La vie à trois s'est installée, ponctuée de longues séances de câlins. Et puis un jour, alors que j'étais blotti contre elle, j'ai constaté que mon humaine avait changé. Son odeur était différente et j'ai senti intuitivement une présence. Nous, les chats, avons des antennes pour cela, et nous décelons bien souvent avant notre humaine qu'elle attend un heureux événement ! Peu de temps après, elle m'a pris sur ses genoux pour me confirmer ce que je pensais : elle attendait un bébé ! Je me suis alors rapproché d'elle encore davantage. Elle était plus souvent sur le canapé, et on faisait des câlins, je ronronnais près de son gros ventre, c'était chouette. Je sentais ce petit humain qui grandissait là-dedans, et j'avais envie de lui transmettre mes ondes positives dès le début. Ça mange pas de croquettes, de faire ami-ami dès le début !

Chacun son espace

Mon humaine a ensuite commencé à installer le nid pour son petit et, comme elle est très attentive à moi, elle a fait bien attention à ne pas changer mes affaires de place ou empiéter sur mon espace habituel. Comme ça, quand le petit est arrivé, je n'ai pas eu l'impression qu'il chamboulait tout dans la maison. Il paraît que certains chats ont des réactions pas très sympa quand leur humain apporte leur petit à la maison. Il faut les comprendre aussi : ils étaient tout simplement jaloux et mécontents de ne plus être au centre de l'attention ! Et puis, ce petit machin qui gigote bizarrement, qui pousse des cris horribles, qui monopolise l'attention... si en plus, il prend votre place, que son berceau est installé sur votre spot de sieste et que du jour au lendemain votre coin pipi a changé de pièce, il y a de quoi être en pétard ! Comme nous ne sommes pas connus pour apprécier le changement, même s'il n'est pas question de nous faire « passer avant le bébé », il vaut mieux préparer le changement au mieux pour que tout se passe bien.

Des présentations en règle

Le grand jour est arrivé : mon humaine est partie à la maternité où elle a accouché, mon humain me l'a annoncé en revenant à la maison. Il s'est alors bien occupé de moi, même s'il n'en avait pas trop le temps. Il a même apporté un vêtement du bébé pour que je puisse le sentir et m'habituer à son odeur.

Quand mon humaine est revenue à la maison avec son petit, elle me l'a présenté : elle a posé son transat par terre, me laissant m'approcher tout doucement pour observer ce nouveau venu dans la maison. Je l'ai bien regardé, je l'ai reniflé, puis je lui ai donné un petit coup de patte de velours sur le pied pour voir comment il bougeait. Il a gigoté en pédalant des pattes arrière, c'était rigolo.

Après, à chaque fois que j'étais dans la même pièce que le bébé, elle me laissant m'approcher pour l'inspecter et voir un peu comment il fonctionnait. Quand il dormait, il était très intéressant : il avait une bonne odeur et son transat avait l'air super confortable. Mais j'ai vite compris qu'aller m'y coucher avec lui n'était pas une option. Mon humaine m'a fait clairement entendre que c'était le panier du bébé, et pas le mien. J'ai cru comprendre que c'était une question d'hygiène. Comme si elle me considérait comme moins propre que ce petit qui ne sait même pas utiliser sa litière ! N'importe quoi. En plus, elle avait l'air de craindre que je me couche sur lui. Je ne suis pas idiot, je sais bien que les humains ont besoin de respirer ! Mais comme elle est toujours aussi gentille avec moi et qu'elle m'a expliqué tout ça avec patience, sans s'énerver, je lui obéis bien volontiers.

Quand il était réveillé, le petit pouvait pousser des hurlements incroyables. Quand je pense que les humains trouvent que certains chats ont un miaulement pénible ! Dans ce cas, je peux vous dire que je ne restais pas dans les parages : j'allais me mettre le plus loin possible pour ne pas entendre ces cris. Le plus sympa, c'est quand il était réveillé, et gigotait dans son panier. Ces quatre petites papattes qui bougeaient dans tous les sens, c'était trop drôle ! J'avais bien envie d'essayer de les attraper, mais mon humaine me surveillait du coin de l'œil, et j'ai bien capté que je ne devais pas le considérer comme un jouet. D'ailleurs, elle ne me laissait jamais seul avec son petit. Je ne peux pas la blâmer : je ne suis pas sûr que j'aurais pu me contrôler devant ces mini proies trop marrantes.

Pour que tout se déroule le mieux possible lors de l'arrivée d'un bébé dans un foyer, il faut continuer à se comporter avec le chat comme avant. Il ne faut pas le repousser quand il vient voir le bébé, juste s'assurer que tout se passe bien. En revanche, il ne faut pas le laisser s'installer dans le berceau du bébé, pour des raisons évidentes d'hygiène, mais aussi parce qu'il pourrait se coucher sur lui, ou encore le griffer en voulant jouer.

Le compagnon idéal des bébés

Si le chat n'est pas encore là quand le bébé arrive dans la famille, il peut être intéressant de choisir une race de chat connue pour sa douceur de caractère. Né d'un croisement entre un Persan blanc et une femelle Sacré de Birmanie dans les années 1960, le Ragdoll (qui signifie « poupée de chiffon ») est sans doute le chat de race le plus adapté pour vivre avec des enfants ! C'est un chat au caractère très doux et très calme, très confiant, qui se laisse manipuler sans aucune résistance, telle une poupée de chiffon ! Le Ragdoll ne fait jamais preuve d'impatience ou d'agressivité envers ses maîtres. Très proche de ceux-ci, il supporte difficilement d'être laissé seul de trop longues heures. Il peut même se laisser dépérir s'il souffre de solitude. Autant dire que ce n'est pas le chat des gens trop occupés… Malgré ces caractéristiques, ce n'est toutefois pas un grand tout mou ! Il est très joueur à ses heures et, par moments, fait preuve d'indépendance. En revanche, lorsque l'envie s'en fait sentir, il peut dormir dans les endroits les plus insolites, et il se laisse tellement aller dans son sommeil qu'il est capable de tomber du dossier du fauteuil où il s'est assoupi ! Il s'adapte donc très bien à la vie en appartement.

Le petit humain

Comme les chatons, les petits humains ont une phase orale : ils découvrent le monde qui les entoure et portent tout à leur bouche. Pour moi, ça a été la période la plus pénible. Le petit a commencé à porter à sa bouche tout ce qui lui tombait sous la main. J'étais couché tranquille sur le canapé, et paf ! il me mordillait le bout de la queue ! Une fois, je me suis réveillé en sursaut parce qu'il était en train de me mâchouiller l'oreille gauche. Sérieux. J'ai été bien tenté de lui donner un bon coup de patte pour lui apprendre les bonnes manières, mais j'ai vu le regard de mon humaine, et j'ai laissé filer. C'est vrai qu'on est plus coulant avec les chatons quand ils sont tout petits, avant qu'ils apprennent les bonnes manières, il n'y a pas de raison qu'on ne fasse pas pareil avec les humains. J'ai donc pris sur moi pendant cette période.

Après quelque temps, le petit humain a commencé à marcher à quatre pattes. Cette période était pas mal : il était à ma hauteur, on pouvait se parler face à face, sans chichis. Et puis, même s'il était à fond à quatre pattes, il n'arrivait jamais à me rattraper quand je partais en courant dans le couloir ! Quand, quelques mois plus tard, il s'est dressé sur ses pattes arrière et a commencé à se dandiner, je me suis dit que de nouvelles aventures allaient débuter. Ah ça ! je n'imaginais pas à quel point cela allait être mouvementé ! Du jour au lendemain, le petit a pu accéder à la plupart de mes spots de sieste : fauteuil, canapé, lit... et ça a beau être petit à cet âge-là, ça a le coup de main tonique ! Je voyais bien qu'il ne voulait pas me faire du mal ou me taquiner, mais quand il venait me voir et me donnait un grand coup de main sur la tête alors que je dormais comme un bienheureux, je peux vous dire que ça passait moyen... Le nombre de fois où je me suis réveillé en sursaut, prêt à bondir sur l'ennemi, jusqu'à ce que je réalise que c'était le petit qui venait gentiment me faire coucou... Ces quelques réveils en sursaut sont largement compensés par toutes les fois où il est venu se coucher sur le canapé à côté de moi, la tête posée sur mon ventre pour profiter de mes ronronnements. J'aimais bien, il était un peu comme une petite bouillotte toute douce et ronde et chaude.

Bon, il faut quand même que je vous raconte l'incident diplomatique. Quand le petit a tenu un peu mieux sur ses jambes, il a commencé à jouer différemment. Un beau jour, il m'a attrapé pour m'emmener avec lui. Sauf qu'il ne savait pas vraiment s'y prendre : coincé sous son bras, les pattes de devant à la verticale, je me suis laissé pendouiller en attendant que ça passe. Mais comme ce n'est pas passé, j'ai fini par me débattre : bien obligé, il me serrait un peu trop le kiki, je n'arrivais plus à respirer ! J'ai pédalé des pattes arrière, et bon, malheureusement, je l'ai un peu griffé sur les cuisses. Je n'ai vraiment pas fait exprès, c'était un réflexe pour me dégager. Il a pleuré, et je me suis dit que j'allais avoir des problèmes. Mais mon humaine, qui avait vu la scène, ne m'a rien dit. Je crois qu'elle a compris que je n'y étais pour rien. Elle a expliqué à son petit qu'il ne fallait pas faire ça, mais je crois qu'il était encore un peu trop jeune pour comprendre...

L'âge de raison

Quand le petit a été en âge de comprendre, mon humaine lui a patiemment expliqué comment se comporter avec moi : ne pas me tirer les moustaches, les oreilles, la queue, ne pas me déranger quand je mange ou je dors, ne pas me prendre sous le bras à tout va pour me promener dans toute la maison. Petit à petit, les consignes ont fait leur chemin et il a arrêté de me tarabuster. À partir de là a commencé notre véritable amitié. Qu'est-ce qu'on a pu jouer ! On a fait des parties de cache-cache dans le jardin, on a fait la course dans le couloir, il m'a prêté ses jouets, je lui rapportais ceux qu'il perdait sous le lit... Nous sommes devenus inséparables. Je venais l'attendre au bout du jardin quand il rentrait de l'école, je me frottais à ses jambes, puis je me frottais à sa tête pendant qu'il faisait ses devoirs. Combien de fois il a prétendu qu'il ne pouvait pas faire ses devoirs parce que je m'étais couché dessus ! C'était notre petit secret à tous les deux : je faisais exprès de me coucher là, et il faisait semblant de vouloir me déloger, pendant que je me rendais le plus lourd possible...

Quelles sont les qualités du chat pour un enfant ?

• ***Apaisant***

Le chat apaise et réconforte. Son ronronnement fait beaucoup de bien et apporte de nombreux bienfaits. La présence du chat oblige l'enfant à se maîtriser, se calmer : si l'enfant est surexcité, le chat ne viendra pas le voir et le fuira.

• ***Responsabilisant***

S'occuper d'un animal apprend à l'enfant le sens des responsabilités. Il découvre que l'animal est dépendant de lui, et que ses actes auront des conséquences sur le bien-être de l'animal.

• ***Bon pour la santé***

Contrairement à certaines idées reçues, le chat permet à l'enfant de développer des anticorps. Il n'entraîne pas forcément d'allergies, voire il évite l'apparition de certaines.

• ***Apprentissage du respect***

Le chat est un être vivant, qui a son caractère et ses besoins. Le respect du vivant est une notion essentielle, qui passe par l'observation de son propre chat.

Nous grandissons ensemble

Aujourd'hui, le petit humain est devenu un garçon qui va à l'école et qui sait très bien quand il se comporte bien ou mal avec moi. Mon humaine lui a appris à se tenir comme il faut avec moi. La dernière fois qu'il a été la voir en pleurant parce que je l'avais (à peine) griffé, sa première question a été : « Qu'est-ce que tu as fait au chat ? » Il était bien embarrassé. Parce qu'on est bien d'accord, je ne griffe pas comme ça, sans raison. Je suis bien élevé, moi. Il faut vraiment m'en faire voir des vertes et des pas mûres pour que je lance la patte. Et dans ce cas, c'est vrai, il avait franchement abusé, en m'emballant dans un torchon, « pour voir ». Pourtant, maintenant, il sait reconnaître mes différentes attitudes, qui lui donnent une indication de mon humeur. Et là, ma tête lui a bien dit « Ça va pas le faire ». Mais je ne lui en veux pas, les vrais amis se taquinent toujours un peu.

Vive les aînés !

Pour les fêtes de fin d'année, la maison fait le plein : outre notre petite famille, les parents de mes humains vont venir passer quelques jours ici. Cette perspective m'enchante car j'aime beaucoup passer du temps avec les personnes âgées. Elles sont gentilles, calmes, restent plus de temps que les jeunes assises confortablement et sont toujours d'accord pour faire des câlins !

Des recherches ont démontré que la présence d'un chat était très bénéfique aux personnes âgées, que ce soit pour leur santé ou leur moral. S'occuper d'un matou leur évite bien souvent la dépression. De plus en plus de chats sont d'ailleurs acceptés dans les maisons de retraite. Il peut s'agir du chat de la maison, qui vit sur place, ou de félins que les pensionnaires gardent avec eux. Certaines associations font même des visites de maisons de retraite avec des chats (ou des chiens, personne n'est parfait) pour apporter une présence amicale aux personnes âgées.

Une véritable arche de Noé

Comme ça n'a pas suffi à mon humaine de remplir la maison d'autres humains, il a fallu qu'elle craque pour d'autres compagnons à quatre pattes, ou même à plumes ou à écailles ! Encore de sacrées aventures dans ma vie de chat tranquille...

Enchanté, monsieur le chien !

Personne n'a jugé bon de me consulter, mais la décision est prise : nous allons accueillir un nouveau compagnon à quatre pattes... un chien. Pour en avoir déjà vu, mon avis est assez mitigé sur ces animaux. Ils sont extrêmement bruyants, agités, maladroits... Ils me fatiguent ! Mais que ne ferais-je pas pour plaire à mes humains ! Je vais m'appliquer pour que les choses se passent le mieux possible avec ce canidé. Encore faut-il qu'il y mette lui aussi de la bonne volonté ! Heureusement, mes humains ont décidé d'adopter un chiot : je vais pouvoir le mettre au pas dès le début, ce qui est plus difficile avec un chien adulte. Par chance, c'est un Labrador, une race qui a la réputation d'être plutôt sympathique avec les chats.

Des présentations en bonne et due forme

Si les présentations entre chien et chat sont faites dans les règles, il n'y a pas de raison que cela se passe mal. Mon humain tenait le chiot pendant que mon humaine me présentait à lui. Ils nous ont laissé nous renifler mutuellement et nous ont séparés dès les premiers signes de tension. Ils nous ont gardés dans des pièces séparées pendant les premiers temps, tout en renouvelant régulièrement les mises en contact. Cette première approche s'est bien passée et mon humaine a continué à m'accorder son attention malgré la présence du nouveau venu en faisant en sorte que rien ne puisse nous rendre jaloux l'un de l'autre... Tout cela n'empêche pas le chiot de courser les chats des voisins, et moi de détaler à chaque fois que je croise un molosse !

PRUDENCE, PRUDENCE

Certaines races de chiens ont un instinct de chasse très fort et, pour elles, les chats ne sont que des proies en puissance. Avec ces chiens (souvent des terriers ou des lévriers), il faut se montrer très prudent et ne pas laisser le chat dans la même pièce tant que vous n'êtes pas absolument sûr que cela ne risque rien. En revanche, le plus gros des molosses peut prendre un chat sous sa coupe et se montrer extrêmement amical et protecteur avec lui… Ce n'est pas forcément le plus gros le plus dangereux.

Une vie en harmonie

Depuis que le chien est arrivé à la maison, nous avons appris à nous connaître et nous faisons mentir l'expression « s'entendre comme chien et chat » ! Nous sommes devenus très copains et faisons la loi sur notre territoire en coursant impitoyablement tous les intrus, chiens ou chats.

Un conflit chien-chat au sommet

Parfois, malgré toute la bonne volonté du monde, il se peut qu'un chien et qu'un chat n'arrivent pas à s'entendre. Ce fut le cas pour Socks et Buddy, le chat de gouttière et le Labrador de Bill Clinton. Ce dernier a avoué avoir été un piètre médiateur pour ramener la paix entre eux deux qui, malgré leur statut de compagnons présidentiels, se battaient dès qu'ils étaient dans la même pièce. « J'ai eu plus de succès avec les Palestiniens et les Israéliens qu'avec Socks et Buddy... Cela fait partie des situations où je n'ai pas encore réussi à imposer la paix, mais j'ai encore huit jours », déclara le Président à la presse juste avant de quitter la Maison Blanche. Finalement, il confia Socks à une employée de la présidence et garda Buddy avec lui.

Comme chien et chat, nos différences...

Entre les chiens et nous, il n'est pas toujours possible de s'entendre, mais les raisons sont parfois très logiques. Comment voulez-vous que nous comprenions tous les chiens quand, du Chihuahua au Dogue allemand, il y a autant de différences de physiques et de comportements ?

En règle générale, les gros chiens sont plus placides, moins excités que les petits. Mais il est difficile de généraliser : un de mes copains avait pour meilleur ami un petit Caniche avec lequel il dormait, dans le même panier !

Il faut dire également que si nous avons autant de mal à nous comprendre, c'est parce que nous ne parlons pas du tout le même langage. Par exemple, quand un chien bat vigoureusement de la queue, c'est pour indiquer qu'il est content ou pour inviter un copain à jouer. Nous, quand nous faisons cela, c'est pour signaler notre profond agacement et prévenir que le coup de griffes n'est pas loin… Le chien se couche sur le dos pour marquer sa soumission : il offre son ventre aux caresses de son humain ou déclare à un ennemi qu'il abandonne le combat. Nous, quand nous nous mettons sur le dos, c'est pour jouer de manière un peu tonique, ou pour adopter une position de défense lors d'une attaque… Le seul avantage est que les chiens ne grimpent pas sur les meubles : nous gardons ainsi une position de repli et des coins pour dormir tranquilles où ils ne peuvent pas nous atteindre.

Bêtes à poils, à plumes ou à écailles…

Je pense que mes humains n'ont pas l'intention d'accueillir d'autres animaux à la maison. Ils disent qu'avec le chien et moi, ils ont assez de travail comme ça et que c'est déjà suffisamment compliqué pour les vacances… Mais d'autres chats vivent avec une vraie ménagerie !

Ils sont héroïques : certains ont vraiment réussi à faire taire leur instinct. Moi, je ne sais pas si je pourrais...

Nous faire cohabiter avec des poissons, des petits rongeurs ou des oiseaux est plutôt à haut risque... Mais, encore une fois, si vous faites les présentations dans les règles, il est possible que nous vivions harmonieusement ensemble. De là à ce que nous devenions copains, il y a une marge. Ne tentez tout de même pas le diable en laissant des rongeurs en liberté, la cage des oiseaux ouverte en votre absence ou encore l'aquarium sans grillage de protection au-dessus !

Rongeurs

Même s'il y a quelques exceptions, les rongeurs ne font pas bon ménage avec nous. C'est une véritable provocation que de vouloir nous en imposer, vu notre réputation de chasseurs de souris ! Les plus petits rongeurs (hamster, gerbille, gerboise, octodon...) doivent être évités, dans la mesure du possible, car nous les assimilons trop à des proies. Ce qui ne signifie pas que les plus gros sont tous à recommander. Le rat est plus grand que la souris, mais il y ressemble : prudence ! La méfiance du chinchilla et le caractère solitaire de l'écureuil de Corée ne les prédisposent pas à côtoyer un chat. Parmi les espèces courantes, il reste donc le cochon d'Inde, le lapin nain et le furet qui, s'ils sont vendus avec les rongeurs, n'en sont cependant pas. C'est peut-être pour cela qu'ils sont les plus disposés à vivre avec nous.

Le rongeur lui-même peut ne pas s'habituer au chat tout disposé à jouer avec lui. Par peur, il va le fuir s'il est lâché en liberté dans le foyer. Dans sa cage, il va s'affoler, courir dans tous les sens, se retrancher en tremblant sous un abri jusqu'à ce que son ennemi s'éloigne. Un stress intense peut entraîner une maladie ou provoquer un arrêt cardiaque : c'est alors pour son bien qu'il convient de séparer les animaux.

Oiseaux

Vous pouvez envisager d'avoir des oiseaux en cage, mais vous devez vous méfier de nos réactions. Nous sommes des chasseurs et, que nous ayons ou non l'habitude de traquer la faune du jardin, nous ne manquerons pas de nous intéresser de près à ces compagnons à plumes. Il est nécessaire d'installer la cage ou la volière dans une pièce à part, toujours en hauteur. Nous pourrons ainsi progressivement y avoir accès, sous très haute surveillance. Ne nous laissez pas entrer dans la pièce pendant que vous nourrissez les oiseaux ou nettoyez leur cage, car si en ouvrant la porte, l'un des volatiles venait à s'échapper, nous ne manquerions pas de tenter de le capturer.

Poissons

Pour nous, un aquarium est passionnant. Le mouvement des poissons nous attire irrémédiablement. Nous allons tenter de les attraper en donnant des coups de patte sur les vitres. Ces assauts répétés vont stresser les poissons, ce qui pourra générer le développement de maladies. Vous devez donc absolument nous empêcher de chasser à travers la vitre. Si, malgré toutes vos tentatives, nous guettons la moindre occasion de récidiver, mettez l'aquarium dans une pièce qui nous sera inaccessible.

Optez pour un aquarium fermé (même pour un seul poisson rouge) car un bocal est beaucoup trop facile à faire tomber ou à visiter de la patte. Sans compter qu'un poisson rouge peut sauter à l'extérieur lorsqu'il est effrayé. Ainsi éjecté de son élément vital, il peut mourir asphyxié s'il n'est pas réintégré dans l'eau à temps ou nous servir de casse-croûte surprise. De toute façon, un poisson rouge se sentira mieux dans un aquarium au volume plus important.

Que les poissons soient dans un aquarium ou un bassin de jardin, ils nous attirent tout autant. L'étendue d'eau n'est pas dissuasive. Nous sommes capables d'attendre des heures qu'un poisson émerge des profondeurs pour le happer d'un coup de patte afin de le projeter hors du bassin. La seule précaution éventuelle est de nous tenir éloigné du bassin lors de la distribution des repas quotidiens qui amène les poissons à la surface.

Les grandes explorations

Déménagement, jardin, vacances, voyage… Il est bon d'explorer de nouveaux territoires ! Mais j'aime aussi que mon humaine m'accompagne dans toutes ces découvertes, car je suis parfois un peu perturbé par les changements trop radicaux…

D'une maison à l'autre

Nous allons déménager ! Mes humains ont décidé de quitter leur appartement pour acheter une maison. Elle m'a expliqué que beaucoup de choses allaient changer et qu'elle allait m'aider à m'adapter.

Attaché à mon foyer

Un déménagement n'est vraiment pas anodin pour moi. Comme tous les chats, je suis très attaché à mon foyer. Certaines mauvaises langues disent que, contrairement aux chiens, nous sommes plus attachés à notre maison qu'à notre humaine, ce qui est tout de même un peu excessif. Mais je connais un vieux matou dont les humains ont accepté un poste à l'étranger pour deux ans. Eh bien, ils ont préféré confier le chat à leurs voisins plutôt que de le contraindre à quitter sa maison et son jardin. Le matou a vécu pendant deux ans chez les voisins, et le jour du retour de ses humains, il les attendait sur le paillasson et est rentré chez lui, comme si de rien n'était.

Depuis le Moyen Âge, nous sommes symboliquement associés au foyer, quand les chiens sont, quant à eux, considérés comme des animaux d'extérieur. Alors que nous chassons bien plus souvent qu'eux ! Mais nous aimons la chaleur et nous sommes capables de supporter des températures bien plus élevées que les humains : ainsi, rester tout près du foyer de la cheminée, où la chaleur atteint facilement les 50°C, ne nous fait pas peur ! Cette capacité, alliée à notre grand besoin de sommeil, nous a donné la réputation d'animaux attachés à leur confort et à leur maison.

On se prépare

Dès qu'elle a eu les clés de la maison, mon humaine a été là-bas et a vérifié qu'il n'y avait rien de dangereux pour moi. Et puis, ne sachant pas si les précédents propriétaires avaient un animal de compagnie, elle a tout nettoyé pour éviter que je ne sois perturbé par des odeurs étrangères.

Afin de m'habituer à l'idée du déménagement, mon humaine fait tout pour dédramatiser la situation. Même si elle est très occupée, elle passe malgré tout du temps avec moi. Elle fait de longues pauses câlins et, comme elle sait que j'adore jouer dans les cartons, elle en profite pour lancer de grandes parties de jeux ! Il faut dire que les fournitures de déménagement sont une source inépuisable d'amusement : cartons, chips en polystyrène, ficelle, rouleaux de scotch, papier journal... je me régale !

Maneki-Neko

Le chat porte-bonheur japonais est lui aussi lié à cette symbolique du foyer. Le Maneki-Neko est vénéré au temple Gotokuji, à Tokyo. La légende veut qu'un pauvre prêtre vivait là avec son chat. Un soir, un samouraï s'abrite sous un arbre proche, lorsqu'il voit le chat qui semble l'inviter à entrer. Le samouraï s'avance, quand l'arbre sous lequel il s'abritait est frappé par la foudre. Le samouraï reconnaissant fait

> *un don important au temple et, à sa mort, le chat est enterré sous une statuette le représentant la patte levée, tel qu'il était lorsqu'il avait invité le samouraï. Le Maneki-Neko représente le « chat qui invite », qui est censé apporter la bonne fortune dans les commerces. On dit que la patte gauche levée attire l'argent, tandis que la patte droite attire la chance.*

Le jour J

Le grand jour du déménagement est arrivé. Mon humaine a pris toutes les précautions et a laissé mes affaires (panier, gamelles, litière...) en place jusqu'au dernier moment. Ainsi, même si tout était chamboulé autour de moi, j'avais quand même mes points de repère. Et, le matin, une de ses amies est venue me chercher pour m'emmener passer la journée chez elle. Comme ça, je suis en sécurité.

Pendant un déménagement, tout est ouvert, on ne sait jamais vraiment où se trouvent les affaires, qui s'occupe de quoi... De nombreux chats se sont perdus à cette occasion ! Quand il y a des allées et venues dans un appartement, un chat peut se cacher sous un lit, derrière un meuble, on ne le voit plus et, à la moindre frayeur, il s'échappe dehors ! La meilleure solution est donc de nous confier à quelqu'un. Si ce n'est vraiment pas possible, le mieux est de laisser le chat dans une pièce calme (salle de bains, toilettes) fermée à clé, avec sa litière, à boire et à manger. Garnissez son panier avec l'un de vos vêtements, comme ça, le chat sera rassuré par cette odeur familière.

Je découvre mon nouvel univers

Ça y est ! Je suis arrivé dans la maison... avec jardin ! Mon humaine a demandé à son amie de m'amener le soir du déménagement, une fois les déménageurs partis et les meubles en place. Elle a ouvert la cage de transport au milieu de la pièce principale et m'a laissé explorer la maison. Pas un centimètre carré ne m'a échappé !

Dès mon arrivée, j'ai trouvé toutes mes affaires installées. Mes différents lieux de couchage, mes gamelles et ma litière avaient déjà leur place dans des endroits bien distincts. J'ai tout de suite su que j'allais me plaire ici ! Pour l'instant, je reste à l'intérieur. Comme je suis un chat d'appartement, il est préférable que je découvre les nouveautés une par une.

Pour que je me sente plus vite à l'aise, mon humaine a branché dans la maison un diffuseur de phéromones. En reproduisant les caractéristiques de nos phéromones faciales, ce diffuseur nous apaise et nous aide à nous adapter progressivement à un nouvel environnement. Il est resté branché en continu pendant quatre semaines.

Vive mon indépendance

Pour qu'à l'avenir je sois parfaitement à l'aise et autonome, mon humaine a fait installer une chatière sur la porte de la cuisine, qui donne dans le jardin. Cela me permet d'aller et venir quand bon me semble, c'est idéal ! Certains chats font des sérénades incroyables pour rentrer ou sortir, à rendre leur propriétaire fou. Moi, je me tiens bien, mais je suis bien content d'avoir cet accessoire, qui me permet d'être totalement indépendant.

Il existe maintenant différentes sortes de chatières. Les plus simples comportent juste une ouverture avec une porte battante. De plus étudiées ont un système de blocage, comprenant quatre positions : entrée uniquement, sortie uniquement, entrée et sortie, ni entrée ni sortie. Mais la Rolls de la chatière est le modèle électronique : le chat porte une clé électronique sur son collier et un capteur est installé sur la chatière. Ainsi, seuls les chats porteurs de la clé peuvent entrer dans la maison. Ces chatières sont équipées des mêmes systèmes de blocage que les chatières classiques. Enfin, il existe des chatières spécialement adaptée aux grands chats (Maine coon, Sibérien...). Si l'installation d'une chatière est impossible, il existe un détecteur de chat ! Ce système fonctionne également couplé à un collier avec une clé électronique. Dès que le chat est devant la porte, le détecteur le repère et émet un bip.

Saviez-vous que c'est le célèbre savant Isaac Newton (1642-1727) qui a inventé la chatière ? On raconte qu'il faisait des expériences chez lui, où il était continuellement dérangé par sa chatte qui demandait à entrer ou sortir. Il eut alors l'idée de pratiquer un trou dans la porte, puis de le recouvrir de feutre pour que la lumière ne pénètre pas dans son laboratoire.

Le bon collier pour moi

Jusqu'à présent, comme je vivais en appartement, je n'avais besoin ni de collier ni de médaille. Maintenant que j'ai le droit de sortir dans mon jardin, la situation n'est plus du tout la même. Mon humaine a décidé de m'acheter un collier, mais elle veut être sûre de ne pas faire d'erreur. Il en existe tellement ! En cuir, en nylon, avec des strass... Le choix va être difficile !

> *Pour un chat qui va à l'extérieur, le choix du collier est très important et une erreur peut avoir de graves conséquences. Le collier en nylon, avec une bande réfléchissante, peut être un bon choix. Le chat est ainsi bien visible la nuit, ce qui peut éviter quelques accidents. Le collier doit absolument être équipé d'un élastique ou d'un système de fermeture sécurisé. Les colliers classiques avec une fermeture façon ceinture sont beaucoup trop dangereux : si le chat s'accroche quelque part, il ne sait pas se décrocher pas et risque la pendaison. L'élastique ou la fermeture sécurisée leur permettent de se libérer. Les colliers équipés d'un grelot sont à double tranchant. L'avantage est que son humain peut repérer le chat au bruit de sa clochette et toujours savoir où il se trouve. L'inconvénient est que les chiens du quartier peuvent aussi le repérer ! La décision de son maintien est donc à prendre en fonction de la*

situation et du nombre de chiens potentiellement dangereux dans les environs !

Encore mieux avec une médaille

Je porte une puce électronique, mais celle-ci n'est lisible qu'avec un lecteur spécial détenu par les vétérinaires, les associations de protection animale et les gendarmeries. Si je me perds et que quelqu'un me trouve tout près de chez moi, il peut être plus facile et pratique pour lui de simplement lire les coordonnées de mon humaine sur une médaille accrochée à mon collier. Il est ainsi reconnu que les propriétaires de chats retrouvent plus vite leur animal si celui-ci est équipé d'une médaille.

Il existe deux types de médailles. La médaille à graver est esthétique et peut être de toute forme, couleur, matière. Mais la place du texte est limitée, il n'est pas possible d'écrire grand-chose de plus qu'un nom et un numéro de téléphone. L'autre solution est le tube-adresse : on y dispose un petit papier sur lequel les coordonnées sont inscrites. En écrivant petit, on peut mettre plus d'informations ! Autre avantage : il est possible de changer le petit papier. Ainsi, en déplacement dans la famille, ou pour les vacances, vous pouvez indiquer votre adresse provisoire.

Le jardin, que de nouveautés !

Me voilà lancé dans l'exploration du jardin. Que de nouveautés ! Je n'étais jusqu'alors que brièvement sorti. Là, j'ai la possibilité de prendre mon temps, de tout inspecter et de tout renifler. Le jardin est clôturé de grillage et entouré de tous côtés par les jardins des voisins. Pour l'instant, je suis resté sur mes terres, mais je compte bien aller faire un tour à côté voir ce qui s'y passe.

Attention au grillage

Le grillage est bien souvent incontournable dans un jardin, mais il peut constituer un grand danger pour nous. En cas de fuite, nous pouvons nous blesser cruellement sur les picots métalliques qui dépassent. Cela peut se manifester sous la forme de griffures au niveau du ventre ou, plus dangereux, d'un petit trou (pattes, menton, ventre...) qui peut très facilement s'infecter. Les chats qui sortent dans un jardin doivent donc être inspectés avec un soin tout particulier par leur humain à la recherche de petites blessures à soigner.

Nous avons la réputation de pouvoir nous faufiler pratiquement n'importe où, rien ne nous arrête ! Un grillage ne constitue absolument pas une barrière pour nous, car nous pouvons l'escalader très facilement. Nous pouvons sauter d'obstacle en obstacle avec une grande facilité, mais nous ne sommes malheureusement pas à même de penser au moyen de revenir... Si nous avons un point d'accès au jardin du voisin, il est fort possible de nous retrouver coincés là-bas... Dans ce cas, seule la vigilance de nos humains peut nous sortir d'un mauvais pas !

Des barrières protectrices

Dans certains cas (proximité d'une route, chien agressif, voisin ailurophobe...), il peut être indispensable pour notre sécurité de nous empêcher de franchir les limites du jardin. Même si je réprouve totalement ces méthodes, je sais bien que cela peut être une question de survie. Voici donc une petite revue des répulsifs.

Nous n'apprécions pas du tout les odeurs d'agrumes, de moutarde et de vinaigre. Il est donc possible d'en vaporiser un lieu de passage, s'il est circonscrit à un petit périmètre, car il faut renouveler cette opération régulièrement, l'odeur s'estompant. Les animaleries vendent des sprays répulsifs contenant plus ou moins les mêmes produits. Toutes les plantes à épines peuvent constituer une barrière naturelle très efficace : rosiers, églantiers, pyracanthas, cactus (attention toutefois : pas de houx, ses baies sont toxiques pour les chats)... Pour les vrais kamikazes que rien n'effraie, il est possible d'installer un capteur infrarouge qui détecte les mouvements et déclenche un ultrason et un flash lumineux de fréquence réglable...

Enfin, lorsque toutes les solutions ont été épuisées et sont restées sans effet, il reste la possibilité de faire poser un grillage avec retour pour empêcher l'escalade dans une partie du jardin (la terrasse par exemple), à laquelle le chat aura accès. Dans ce cas, le grillage est posé avec un important retour en haut (de plusieurs dizaines de centimètres) qui empêche le chat de l'escalader.

ATTENTION AUX PLANTES TOXIQUES

De même qu'il existe des plantes d'appartement toxiques pour les chats, certains végétaux du jardin sont très dangereux. Il faudra veiller à éliminer du jardin les plantes suivantes et garder à portée de main les coordonnées du centre antipoison.

- ***Arum, anthurium et spathiphyllum :*** **toute la plante est toxique, même les racines. Les symptômes sont les vomissements, la salivation, la diarrhée, la bouche et les yeux enflammés, des difficultés respiratoires. Il faut rincer la peau et la bouche à l'eau claire et les yeux au sérum physiologique.**

- ***Laurier-rose, muguet :*** **toute la plante est toxique, même les fleurs ou les feuilles sèches. Les symptômes sont les vomissements, la salivation, la diarrhée, les convulsions, le coma. Cette intoxication est souvent mortelle.**

- ***Tulipe :*** **toute la plante est toxique, surtout le bulbe. Les symptômes sont les vomissements, la salivation, la diarrhée, la prostration.**

Comme un chien

On dit que les chats sont des animaux indépendants, qui partent pour de grandes explorations, sans que leur humain ait la moindre idée de ce qu'ils font. Mais certains d'entre eux sont capables de renoncer à cette habitude pour plaire à leur humain. On raconte que Gris-Gris, le Chartreux du général de Gaulle, avait décidé, dès son arrivée à Colombey-les-Deux-Églises, de faire la conquête du Général, qui était réputé n'aimer que les chiens. Il mit un point d'honneur à se faire aimer du grand homme, à tel point que celui-ci finit par s'exclamer, ravi : « C'est la première fois que je ne fais pas peur à un chat ! » Il faut dire que Gris-Gris avait fait de gros efforts en renonçant à son goût de l'indépendance pour suivre le général comme un petit chien lors de ses promenades dans le jardin de La Boisserie…

Ça, c'est chez moi !

Nous les chats, nous avons une notion assez forte du territoire, héritée de l'époque où nous devions chasser pour nous nourrir. Je considère la maison, son jardin et une partie du jardin des voisins (qui n'ont pas de chat) comme mon territoire. Et encore, c'est parce que je suis bien nourri ! Si je trouvais que la maison n'était pas assez généreuse en croquettes, j'agrandirais mon territoire afin d'avoir plus de chances d'attraper des proies.

Nous pouvons nous prélasser dans un jardin ou être nonchalamment couchés sur un muret et, soudain, à l'approche d'étrangers, nous mettre à feuler, à nous dresser sur nos pattes, à gonfler notre poil. C'est que nous n'apprécions pas du tout l'irruption d'inconnus sur ce que nous considérons comme notre domaine.

Pour un chat, un territoire ne se mesure pas en fonction des grillages, barrières ou portes. Il peut très bien avoir décidé que la portion de trottoir devant sa maison est à lui et que quiconque y pénètre est considéré comme un ennemi potentiel...
Le territoire d'un félin peut se découper en deux champs territoriaux : les champs d'activité et les champs d'isolement. Les premiers sont : le champ de chasse, le champ d'alimentation, le champ d'élimination, le champ de reproduction et le champ de jeu. Le chat défend chaque champ d'activité en fonction de son niveau d'importance. Si un congénère vient amicalement dans son champ de jeu, il ne va pas le repousser ! Mais si un matou teigneux a l'audace de s'aventurer dans son champ d'alimentation, cela ne va pas se passer comme ça ! Le champ d'isolement est le lieu où le chat se repose et où il ne veut être

> *dérangé sous aucun prétexte. Il peut y en avoir plusieurs sur son territoire, en fonction de l'humeur ou de la saison (tache de soleil, ombre…). Le champ d'agression, quant à lui, n'est pas vraiment identifiable, car il fluctue en fonction de son humeur et de sa forme. C'est la distance critique à partir de laquelle le chat considère qu'une intrusion doit être sanctionnée. Cela peut être quelques mètres ou quelques centimètres…*

Mon territoire, je le défends…

Nous avons moins de moyens que nos compères canins pour faire reculer l'ennemi… Nous ne pouvons que tenter de l'intimider en feulant et en gonflant le poil… Ce qui suffit parfois à faire reculer les plus féroces des molosses, peu désireux de se retrouver avec la truffe en dentelle ! Mais les autres chats savent qu'un matou qui défend son territoire peut être un adversaire de poids : ils ne pénètrent alors dans sa sphère d'influence qu'en connaissance de cause, prêts à en découdre. Les bagarres qui s'ensuivent peuvent être terribles, car l'enjeu est de taille : pour l'occupant des lieux, c'est la conservation de son pouvoir chez lui ; pour l'attaquant, il s'agit de conquérir un nouveau terrain et d'asseoir sa suprématie !

Ce comportement n'est pas spécifique aux chats qui vivent dans des maisons : les félins qui vivent à plusieurs dans un appartement ont les mêmes réactions, car ils se sont attribué chacun un bout de territoire, si petit soit-il...

...et je le marque !

Dès que nous avons un territoire, nous devons indiquer à nos congénères qu'il est notre propriété. Tout comme les humains qui mettent leur nom sur la boîte aux lettres et un paillasson devant la porte, nous avons plusieurs techniques pour indiquer aux autres matous que nous sommes chez nous. La première d'entre elles et la plus discrète est le marquage facial, complété par les griffades et le marquage urinaire.

Sur notre menton, nos joues et nos lèvres se trouvent des glandes qui sécrètent des phéromones. En frottant le côté de notre tête, depuis la commissure des lèvres jusqu'au front, nous déposons ces phéromones, qui peuvent avoir deux buts. D'une part, elles servent à délimiter notre territoire : en les déposant sur des objets et sur des points de passage (chambranle de porte, pieds de meubles, abri de jardin, souche...), nous balisons notre territoire, ce qui nous permet de nous repérer instantanément. D'autre part, c'est grâce au dépôt de phéromones faciales que nous reconnaissons nos congénères amicaux et les espèces amies. Ainsi, je me frotte régulièrement aux jambes de mon humaine, mais aussi sur son menton, ou encore le côté de ses lunettes ! Ces marques sont apaisantes et me rassurent. Mais comme elles disparaissent au moindre petit lavage, je suis obligé de les renouveler en permanence !

Nous avons également des glandes qui sécrètent des phéromones entre les coussinets. En nous faisant les griffes, nous délimitons donc notre territoire en laissant des marques odorantes, qui sont également des marques visuelles. Tout support vertical, donc bien visible, fait l'affaire : pied de meuble, bas de canapé, papier peint, arbre... Nous nous étirons verticalement, plantons nos griffes et lacérons le support avec une grande délectation.

Ces griffades, très peu appréciées des humains, font pourtant partie intégrante de notre comportement et ne peuvent pratiquement pas être évitées. Disposer des griffoirs et asperger les points de griffades de sprays de phéromones peut limiter les dégâts, mais rarement complètement supprimer notre instinct de griffade.

Le troisième moyen de marquer notre territoire est le marquage urinaire. Cette méthode, pas plus que les griffades, ne rencontre l'approbation des humains. Le marquage urinaire est très facile à distinguer de la manière dont nous faisons pipi habituellement : dans ce cas, nous nous accroupissons, faisons un gros pipi et recouvrons avec de la litière ou de la terre. Pour le marquage, nous choisissons un point vertical (mur, arbre…), faisons le dos rond, tenons la queue bien dressée et frémissante et nous ne faisons que quelques gouttes puis repartons. Bien visibles et odorantes, ces marques sont situées le plus souvent à l'intersection d'une voie de passage et d'un champ territorial.

Le marquage urinaire est régulièrement renouvelé dans la nature pour indiquer notre statut de maître des lieux aux chats de passage. À l'intérieur, nous ne le pratiquons pas, sauf si quelque chose nous perturbe : déménagement, travaux, nettoyage de printemps, arrivée d'un autre animal… Comme mon humaine avait utilisé le diffuseur de phéromones à notre arrivée dans la maison, je ne me suis pas senti obligé d'y marquer mon territoire. Mais, dans le jardin, vous pouvez être sûr que les chats du voisinage ont très vite su qu'il y avait un nouveau venu dans le quartier !

SOS ! PREMIERS SECOURS

Les chats qui vivent à l'extérieur ont malheureusement plus d'occasions de se blesser que les chats d'appartement. Pour pouvoir leur porter secours, voici quelques astuces de secouriste...

Dans tous les cas, le plus important est de garder son calme. Ne paniquez pas, effectuez les gestes de premiers secours, mais ceux-ci ne doivent pas vous dispenser d'aller chez le vétérinaire pour vérifier que le chat n'a pas de lésions que vous n'auriez pas décelées, même s'il semble aller bien.

Morsure

Les morsures de chats nécessitent une attention toute particulière. Comme ils ont de petites dents bien affûtées, une morsure a un tout petit diamètre et elle est rapidement assez profonde. Elle se referme vite, mais comme les chats ont des germes dans la bouche, elle peut très facilement s'infecter. Dans ce cas, un abcès se forme. L'inspection régulière d'un chat qui a accès à l'extérieur permet de remarquer à temps un gonflement et de le montrer au vétérinaire pour qu'il procède à une incision ou administre des antibiotiques.

Déplacement

Il peut être nécessaire de déplacer le chat blessé. Dans ce cas, s'il est conscient et coopératif, prenez-le d'une main par la peau du cou et, de l'autre, soutenez son derrière. S'il essaye de vous griffer (ce qui peut arriver même au plus gentil des minous en cas de stress), enveloppez-le (les pattes le long du corps) dans une serviette éponge, que vous serrez bien, en ne laissant sortir que la tête. Si le chat est inconscient, glissez délicatement sous lui une planche ou un plateau pour le transporter sans le manipuler excessivement.

Fracture

Seule une radiographie peut permettre d'évaluer l'étendue des dégâts. Ne tentez surtout pas de réduire la fracture vous-même, conduisez votre chat chez le vétérinaire.

Blessure

Il est indispensable de réaliser rapidement un pansement pour enrayer l'hémorragie. Il faut tout d'abord mettre le membre blessé sous l'eau froide, ce qui permet de limiter l'écoulement sanguin. Appuyez fermement une compresse sur la plaie. Prenez une bande de tissu (n'utilisez jamais d'élastique) et enroulez-la autour du membre, entre la blessure et le cœur. Faites un nœud, insérez un crayon dedans et serrez doucement pour faire un tourniquet. Ne le laissez pas en place plus de 10 minutes.

Perte de connaissance

Elle peut avoir des causes multiples (traumatisme crânien, accident vasculaire, coup de chaleur, noyade, tumeur...). En cas de coup de chaleur, il faut rafraîchir le chat avec des linges trempés dans l'eau froide. En cas de noyade, tenez l'animal tête en bas pour évacuer l'eau des poumons. S'il a du mal à respirer, il ne faut pas hésiter à faire du bouche à truffe. Couchez-le sur le côté droit, tête et cou tendus vers l'avant, sortez sa langue et libérez la bouche de ce qui pourrait l'encombrer. Placez votre main autour de son museau et soufflez dans sa truffe, inspirez à côté et recommencez. Il est également conseillé de masser les extrémités pour favoriser la circulation du sang. Dans tous les cas, il faut amener le chat le plus rapidement possible chez le vétérinaire.

Arrêt cardiaque

Il peut être consécutif à une électrocution, une maladie cardiaque, une intoxication... Pour faire un massage cardiaque, placez l'animal dans la même position que pour la respiration artificielle. Posez la main gauche bien à plat sur son flanc, juste derrière son coude, votre pouce au-dessus de sa patte avant. Appuyez rapidement sur la poitrine trois fois de suite, soufflez dans sa truffe et reprenez le massage. Procédez ainsi 15 à 20 fois par minute.

Trousse de secours

Il est indispensable d'avoir une trousse de secours à la maison pour pouvoir parer à toute éventualité. Il existe des trousses toutes faites en animalerie, mais vous pouvez la composer vous-même avec :

- des compresses stériles ;
- une bande de coton ;
- une bande autofixante ;
- du sparadrap ;
- du coton ;
- un désinfectant ;
- des ciseaux ;
- une pince à épiler ;
- des gants jetables ;
- une serviette ou un linge pour contenir le chat.

Le temps des vacances

Après avoir déménagé, découvert une nouvelle maison et même un jardin, j'apprends à présent que mon humaine compte m'emmener en vacances ! Il semble qu'elle ait décidé de tester mes capacités d'adaptation !

En fait, mon humaine est déjà partie en vacances sans moi mais, pour ne pas me perturber dans mes habitudes, elle m'a à chaque fois laissé seul à la maison. Il faut dire que ses absences ne duraient que le temps d'un week-end, et cela s'est très bien passé. Mon humaine changeait mon bac avant de partir pour qu'il soit tout propre. Elle mettait de l'eau fraîche dans la fontaine à eau et des croquettes dans le distributeur de nourriture. Mais pour une semaine, impossible de me laisser seul. Tant mieux, peut-être ces vacances me réservent-elles de bonnes surprises après tout ?

Dans quoi va-t-elle me fourrer ?

Aujourd'hui, elle a commencé à faire sa valise et je m'y suis lové entre deux piles de vêtements bien pliés... Tandis qu'elle ajoute ceci et cela dans la valise, tout autour de moi, sans me déloger, elle m'explique que nous partons dans sa résidence secondaire. Que nous y retournerons souvent. Cela me convient parfaitement ! Je n'apprécierais pas du tout d'être emmené dans des lieux différents à chaque fois. Il me faut le temps de m'habituer, de m'adapter... Là, je vais découvrir ce nouveau territoire à mon rythme, en sachant qu'il deviendra ma seconde maison pour les vacances.

Mais pour partir, pas question de valise pour moi, je n'ai pas envie d'étouffer entre deux pulls, aussi moelleux soient-ils. Alors dans quoi va-t-elle pouvoir me fourrer ?

Il existe plusieurs moyens de transporter un chat : panier en osier, sac, cage... Le panier en osier est à déconseiller. Il est très joli, mais peu pratique. Certains chats stressés par le voyage peuvent s'y attaquer et le détruire consciencieusement. D'autres, tout aussi mal à l'aise, peuvent vomir ou faire leurs besoins dedans : le nettoyage en est alors pratiquement impossible. Concernant les sacs, si vous voyagez en train, dans la cohue des gares, il est fréquent que des passagers se heurtent, que des valises s'entrechoquent... Un sac n'offre alors que très peu de protection. L'idéal est donc la cage de transport en plastique moulé, bien résistante et facile à nettoyer en cas d'accident. Placez au fond de celle-ci une alèse jetable, que vous pourrez changer en cas de petit oubli pendant le voyage. Choisissez une cage à la poignée large et ergonomique. Si votre protégé n'est pas enthousiasmé à l'idée de rentrer dans cette boîte en plastique, choisissez un modèle avec ouverture sur le dessus, dans lequel il est plus facile de le faire pénétrer. Une petite vaporisation de spray aux phéromones dans la cage de transport peut également permettre au chat de s'y sentir mieux. Et, si cela s'avère nécessaire, il existe de nombreux traitements contre le mal des transports. Pour voyager avec le maximum de confort, il existe enfin des kits de voyage. Ils peuvent comprendre une gamelle pliante, une gourde (bouteille avec un réceptacle pour boire intégré) et une litière (bac jetable et litière).

En voiture !

Après m'avoir fait rentrer (un peu malgré moi, je dois bien l'admettre) dans ma cage de transport (qu'elle a pris soin de sortir du placard au tout dernier moment afin que je n'aie pas le temps d'aller me cacher), mon humaine me cale sur la banquette arrière de la voiture, et l'arrime avec la ceinture de sécurité. Ouf, ce sera donc un voyage en voiture ! Cela me convient car j'y suis habitué depuis que je suis tout petit. Je crains juste un peu les virages serrés qu'a tendance à prendre mon humaine sur les ronds-points, et ses freinages un peu brusques... Mais ça aussi, j'ai fini par m'y habituer.

MOYENS DE TRANSPORT

En train

Il est important que votre chat soit habitué très jeune aux voyages en train : la promiscuité, l'agitation et la présence d'éventuels autres animaux peuvent être difficiles à supporter. Il peut également indisposer les autres voyageurs par des miaulements incessants. Il faut donc être sûr qu'il se comportera correctement.

Pour les voyages en train, il faut, au moment de la préparation du voyage et suivant le type de train emprunté, penser à prendre un billet pour votre chat à la SNCF. Les chats doivent voyager dans un panier ou un sac de transport n'excédant pas 45 x 30 x 25 cm.

En avion

Les chats ont le droit de voyager sur la plupart des compagnies aériennes traditionnelles. En revanche, les compagnies low-cost ne les acceptent pas. Ils peuvent voyager en cabine, à condition que leur poids n'excède pas 6 kg, cage de transport comprise. Il ne faut pas que le chat soit enrobé, car une cage peut vite peser 2 kg ! Ils sont considérés comme un bagage supplémentaire, qui doit faire l'objet d'un billet à part dont le prix est variable selon la destination. Dans tous les cas, il vaut mieux se renseigner à l'avance (conformité de la caisse, autorisation, tarifs...).

En bateau

Les compagnies de ferrys (Corsica Ferries, Seafrance, SNCM, Brittany Ferries…) les acceptent à bord, dans leur cage de transport. Mais les conditions sont différentes d'une compagnie à l'autre. Les tarifs varient et, selon la compagnie, ils peuvent rester avec leur humain ou doivent faire le voyage dans la voiture. Renseignez-vous à l'avance.

Certes, les chats n'aiment pas l'eau, mais ils sont des marins depuis des siècles ! Pour éviter la prolifération de souris à bord, qui auraient dévoré les provisions, il était en effet d'usage d'avoir des chats mascottes à bord des bateaux. Trim, le chat de Matthew Flinders (1774-1814), est l'une des mascottes de bateaux les plus connues. Son propriétaire était un explorateur britannique célèbre, qui a exploré les côtes de l'Australie au cours de deux voyages (1795-1799 et 1801-1803). Né en mer, sur le navire Reliance, *quelque part dans l'océan Indien, ce gros chat noir était un habitué de la navigation et se sentait parfaitement à l'aise en mer. Il savait nager et, quand il tombait à l'eau, une corde lui était lancée puis il s'y accrochait tout simplement pour être remonté à bord ! En 1803,* Le Cumberland *fit naufrage sur une barrière de corail. Trim et son humain furent recueillis puis faits*

> *prisonniers par les Français sur l'île Maurice. Au bout de deux semaines, le chat disparut et, pendant son emprisonnement, Matthew Flinders écrivit un livre à sa mémoire :* A Biographical Tribute to the Memory of Trim.

Il est important de faire faire son premier voyage à votre chat alors qu'il n'est qu'un chaton. Il faudra l'habituer progressivement, par étapes courtes, en dédramatisant complètement le trajet : il ne faut pas que cela devienne un mauvais souvenir. Ainsi, quand vous devrez faire un long voyage, il sera parfaitement habitué à la voiture. Si vous voyagez en voiture avec votre chat, soyez très vigilant par temps chaud. En effet, la température monte extrêmement vite dans une voiture, même garée à l'ombre. En quelques minutes, elle peut dépasser 50°C, ce qui risque de provoquer un coup de chaleur.

Rencontres de vacances

Après quelques heures de route, nous arrivons dans la maison de vacances de mon humaine. Tout de suite, quand elle me sort de ma cage de transport, je le sens : je vais rencontrer ici de nombreux nouveaux voisins félins, plus ou moins sympathiques.

En fait, au bout de quelques heures seulement, j'ai fait la connaissance d'un voisin, et nous sommes devenus inséparables ! Nous avons même décidé de faire alliance contre un intrus pour l'expulser sans ménagement de notre territoire !

Amitiés félines

Contrairement au chien, qui est un animal social et vit sans problème en meute comme son ancêtre le loup, les chats ne vivent pas en communauté. Ce sont généralement des animaux solitaires, qui ne se retrouvent que pour de brefs moments (reproduction, élevage des petits). Toutefois, contraints par l'homme, ils peuvent vivre en colonies (élevage, colonies de chats libres nourris par les humains). Malgré tout, chez les chats comme chez tous les autres animaux, des attirances peuvent soudain lier deux individus. L'alchimie qui lie deux chats entre eux est complexe. L'odeur joue une part essentielle dans cette amitié soudaine. Les phéromones dégagées par chaque individu donnent des indications aux autres chats sur le statut de l'animal : femelle en chaleur, mâle dominant, jeune, vieux, autant de critères qui rendront une amitié possible ou non. Si toutes les conditions sont réunies pour que deux chats deviennent de grands copains, alors ce sera à la vie à la mort.

J'ai aussi fait la connaissance d'une adorable petite chatte noir et blanc, qui a une tache en forme de cœur sur son pelage. Pour lui faire la cour, je me suis approché, j'ai tourné un peu autour d'elle, j'ai marqué mon territoire... Elle n'avait pas l'air insensible à mon charme, mais je crois qu'elle n'était pas d'humeur à se laisser conter fleurette : quand j'ai tenté une approche plus directe, elle m'a donné un bon coup de griffes sur la truffe !

Les chattes n'acceptent pas qu'un matou leur fasse la cour en dehors des périodes de chaleur. Celles-ci apparaissent pour la première fois au printemps, vers l'âge de 7 mois. Mais, selon les races, cela peut commencer plus tôt. Ainsi, les chattes Abyssin, Sacré de Birmanie ou Siamois peuvent avoir leurs chaleurs entre 4 et 6 mois, tandis que les Persans les ont beaucoup plus tard, à 1 an. Les chaleurs durent de 4 à 10 jours, généralement sur une période comprise entre janvier et octobre. Durant la période de chaleur, la chatte miaule, se frotte un peu partout... Elle indique ainsi qu'elle est prête à se reproduire. C'est à ce moment-là que son prétendant a une chance de gagner son cœur. Mais les raisons pour lesquelles une chatte porte son choix sur l'un ou l'autre demeurent obscures...

J'ai toujours bon espoir de réussir à séduire ma jolie voisine, mais je sais que je suis un privilégié de pouvoir penser à l'amour. La plupart de mes voisins et voisines ne connaîtront pas ce plaisir car ils sont stérilisés. Sur le moment, quand ils m'ont dit ça, j'ai bondi : comment leurs humains avaient-ils pu leur faire une chose pareille ? Ils m'ont expliqué que cela partait de bons sentiments. Tout d'abord, les chats entiers sont plus bagarreurs (je suis bien placé pour le savoir). Ensuite, beaucoup de maladies peuvent se transmettre lors de bagarres, mais aussi pendant l'accouplement. Enfin, les chattes non stérilisées font tout pour échapper à la surveillance de leurs humains. Et, quand viennent les chatons, il n'est pas toujours facile de trouver quelqu'un pour les adopter. Pour éviter la surpopulation et préserver la santé de leurs matous et de leurs minettes, leurs humains ont donc fait le choix de la castration ou de la stérilisation. Mes amis ne s'en portent finalement pas plus mal. Ils doivent juste faire un peu plus attention à leur ligne car l'embonpoint les guette...

Comme quoi, on en apprend, des choses, en voyageant !

QUAND LE CHAT N'EST PAS DU VOYAGE

Voyages organisés, clubs de vacances, trekking en montagne, amis allergiques... Les raisons pour lesquelles nous ne pouvons pas partir en vacances avec nos matous ne manquent pas !

Pour les chats qui ne partent pas en vacances, il existe trois possibilités : la pension, le cat-sitting ou la famille d'accueil. Que ce soit pour un week-end ou pour plusieurs semaines, le choix d'une solution de garde ne doit pas se faire à la légère. Vous devez en effet tenir compte du caractère de votre chat, du sérieux du lieu envisagé et... de vos moyens financiers.

Quelle que soit la solution choisie, la garde de votre chat s'accompagne obligatoirement de quelques démarches administratives. Pour une pension, il faut fournir au pensionneur la carte d'identification et le carnet de santé de votre matou. Celui-ci doit être à jour de ses vaccins, vermifugé et traité contre les parasites externes. Dans tous les cas, la personne qui aura la charge du chat doit vous remettre un document, le contrat de garde. Celui-ci sera signé par les deux parties : vous vous engagerez à payer la somme convenue pour la durée prévue et la personne qui le gardera s'engagera à soigner votre animal si nécessaire et à vous le rendre à la fin de sa période de garde.

La pension

Il existe des pensions un peu partout en France, et plus particulièrement à proximité des grandes villes. Il est préférable de partir en quête du lieu idéal qui accueillera Minet quelque temps avant le départ. Cela permet de visiter plusieurs pensions avant de faire son choix.

Pour que votre chat vive au mieux cette période de séparation, pensez à apporter à la pension son panier et ses jouets. Vous pourrez y joindre un vieux pull vous appartenant, afin qu'il se sente en sécurité au milieu de ces odeurs familières. Suivant le niveau de la pension, les attentions prodiguées aux chats varient du tout au tout. Dans les plus modestes, l'espace dévolu au chat est une cage juste assez grande pour accueillir un couchage, une litière et un espace pour les gamelles. Dans les pensions haut de gamme, l'animal dispose d'une petite pièce, avec arbre à chat, jeux et accès à l'extérieur avec jardin privatif... Les soins donnés par le personnel varient également : ils peuvent se limiter à donner à manger et à nettoyer la cage, ou s'étendre à passer du temps en jeux, caresses ou séances de toilettage.

Le cat-sitting

Pour les chats qui sont très attachés à leur maître, la pension est un véritable calvaire. Laissés seuls dans une cage toute la journée, ils peuvent dépérir, voire s'infliger des plaies en se léchant de manière compulsive. Dans ce cas, la solution peut être le cat-sitting. Il existe deux formules de cat-sitting : quelqu'un passe deux à trois fois par jour pour donner à manger à Filou et pour le câliner, ou s'installe à domicile pendant toute la durée de vos vacances. Cette seconde formule a l'avantage d'assurer une présence, ce qui peut être également appréciable pour limiter les risques de cambriolage pendant les périodes de grandes vacances, par exemple.

Des associations de retraités se sont organisées pour proposer un service de cat-sitting. Ainsi, des personnes âgées ont le plaisir de changer de cadre et de se dépayser un peu, tout en gardant le chat et en surveillant la maison. Quant aux personnes qui rendent visite au chat deux à trois fois par jour, ce sont souvent des lycéens ou des étudiants qui veulent gagner un peu d'argent de poche.

La famille d'accueil

Les familles d'accueil sont des gens qui aiment tout particulièrement les chats et qui en prennent régulièrement à domicile pour les garder. Leur prix peut varier du tout au tout. Chez certains, l'amour des chats l'emporte sur la rentabilité et ils acceptent d'accueillir gratuitement des chats chez eux, pour peu que leurs propriétaires fournissent la nourriture. D'autres se comportent comme de véritables petites entreprises et fournissent de nombreux services en plus de la garde : accompagnement chez le toiletteur, le vétérinaire, etc.

Cette solution présente l'avantage que, pendant votre absence, votre chat se trouve dans un cadre familial où il est « chouchouté » comme à la maison. En outre, le contrat signé entre les deux parties précise leurs obligations. Vous pouvez y indiquer les soins particuliers que vous souhaitez voir prodiguer à votre matou, ainsi que les traitements médicaux à lui administrer.

Aujourd'hui sont arrivés dans la maison de vacances toute une bande d'amis de mon humaine, et pas mal de petits enfants humains. Mon humaine a pris le temps d'expliquer aux plus petits d'entre eux comment se comporter avec moi : ne pas me crier dessus, ne pas me caresser lorsque je bats de la queue, ne pas me prendre par surprise, me parler doucement, toujours rester calme avec moi... Elle leur a même confié une mission : me donner mes croquettes matin et soir, et remplacer ma gamelle d'eau. En revanche, c'est elle qui continue de changer ma litière car les enfants avaient l'air dégoûtés de le faire (je ne vois pas pourquoi, ce n'est pas sale...). En fait, les règles de savoir-vivre avec un chat ne sont pas bien compliquées, les enfants n'ont aucun mal à les mémoriser, alors parfois je m'étonne que certains adultes continuent de tenter de nous caresser quand nous battons vigoureusement de la queue...

Les règles du savoir-vivre avec un chat

• ***Il faut :***

Le laisser dormir.

Lui donner à manger et à boire.

Changer sa litière régulièrement.

Savoir reconnaître ses attitudes (peur, colère...).

Être attentif à ses besoins.

> • ***Il ne faut pas :***
> *Le déranger quand il mange.*
> *Le déranger quand il est dans sa litière.*
> *Lui tirer les moustaches, les oreilles, la queue.*
> *Le caresser quand il remue la queue ou a rabattu ses oreilles en arrière.*
> *Le caresser sur le ventre, sauf s'il y semble particulièrement disposé.*
> *Le frapper.*
> *Lui faire peur.*

Avec ces petits humains, nous sommes en train de devenir les meilleurs amis du monde : ils me font jouer en tortillant un petit bout de laine au ras du sol ou en me lançant des boulettes de papier, et je vais me frotter en ronronnant nonchalemment contre leurs jambes quand je passe près d'eux, ce qui les laisse babas et tout transis de joie.

Comme quoi, les voyages forment la jeunesse, et pas seulement celle des félins !

Épilogue

Bref, ma vie avec mon humaine, c'est pour moi une vie de chat réussie. C'est à la fois des rituels bien à nous, un quotidien régulier et rassurant pour moi, mais aussi quelques belles aventures en dehors du cocon de la maison ! Alors je peux dire aujourd'hui que je suis un chat épanoui. Et si elles sont toutes comme celle-ci, je suis bien aise d'avoir plusieurs vies ! Car, le savez-vous, nous aurions sept vies (c'est ce que l'on dit dans les pays latins) ou neuf (en France et dans les pays anglo-saxons !) Moi, je signe pour neuf vies de chat comme cette vie-là !

Crédits iconographiques
Motifs cercles rayés et chats assis en couverture et à l'intérieur :
© Shutterstock, mistletoe
Chat debout en couverture, p. 5 : © Shutterstock, mspoint
p. 90-91 : © Shutterstock, Microstocker.Pro
p. 92 : © Shutterstock, Double Brain
p. 93 : © Shutterstock, Refluo
Chats p. 206-207 : © Shutterstock, Denis Sazhin-Iconka